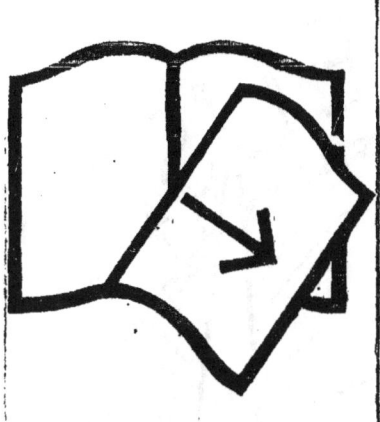

Couverture inférieure manquante

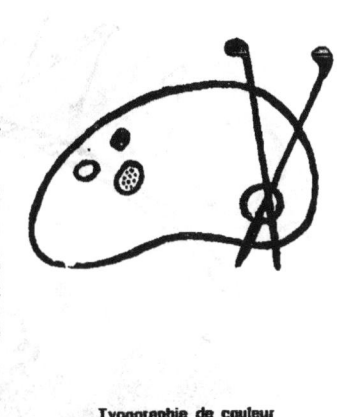

Typographie de couleur

ARMAND SILVESTRE

HISTOIRES SCANDALEUSES

Illustrations par CH. CLÉRICE

PARIS
A LA LIBRAIRIE ILLUSTRÉE
7, RUE DU CROISSANT, 7

Tous droits réservés

HISTOIRES
SCANDALEUSES

ÉMILE COLIN — IMPRIMERIE DE LAGNY.

ARMAND SILVESTRE

HISTOIRES
SCANDALEUSES

PARIS
ERNEST KOLB, ÉDITEUR
8, RUE SAINT-JOSEPH, 8

Tous droits réservés

LE GROS BORGNE

LE GROS BORGNE

I

Ceci est un conte grassouillet, peu austère, que je pourrais malaisément faire passer pour un faux maigre. C'est en Picardie qu'il me fut narré, en Picardie où il y a de fort bons peintres, comme Jules Lefebvre, Tattegrain et le vrai Matifas qui a beaucoup de talent ; mais où il y a aussi pas mal de joyeux compères aimant à rire, le soir, autour d'un pot de cidre écumant, surtout quand ils ont mis, dans la journée, un voisin sur la paille, en gagnant un procès. Joie innocente de plaideur heureux, après tout. Chacun prend ici-bas son plaisir où il le trouve et les sots sont ceux qui n'en trouvent nulle part. Aussi l'amour, le plus délicieux des passe-temps et que je préfère infiniment aux délices du prétoire, n'a-t-il pas été inventé pour les sots.

Donc M. Pincetrouille, un des héros de l'aventure, était des environs d'Amiens. Non seulement il buvait du cidre, mais il en fabriquait de fort renommé à vingt lieues à la ronde, et où il n'entrait pas une seule pomme encore! O gloire de la chimie contemporaine! Le second personnage essentiel est un jeune Anglais, sir Thomas Hostebeath, ayant traversé tout exprès la Manche pour venir apprendre le secret de cette belle fabrication, et l'appliquer ensuite à la sophistication du pale ale, d'un pale ale sans houblon qui ferait sa fortune dans son pays.

Entre les deux, bien entendu, madame Pincetrouille. Oui, mes enfants, entre les deux et également aimable et abondante pour l'un ou pour l'autre; car ce Thomas Hostebeath recevait, dans cette hospitalière maison, une instruction complète. Un professeur charmant, d'ailleurs, que cette bonne dame Pincetrouille; la trentaine sonnée, mais toutes ses dents et tous ses cheveux et bien d'autres avantages encore qui n'avaient été que se perfectionnant depuis sa première jeunesse. Une maturité exquise, avec des blancheurs de crème à la vanille. Pas du neuf, mais une occasion véritable. Cet Hostebeath entrait vraiment dans la vie par une porte dorée et confortable à l'envi. On ne peut rendre plus congrûment l'idée du service qu'il rendait à son hôtesse.

Or la Saint-Babolein (ainsi se nommait M. Pincetrouille) arriva. Volontiers celui-ci eût-il donné un repas solennel pour cet anniversaire. Mais sa femme aimait les plaisirs tranquilles et l'intimité. Il fut convenu qu'on ferait cette petite bombance à trois, le mari, la femme et l'ami des deux. Le plan de cette ménagère remarquable était le plus simple du monde. On griserait abominablement Pincetrouille qui buvait volontiers et ensuite on prendrait, en cachette, avec ce délicieux Hostebeath, un dessert clandestin, comme on n'en trouve qu'à la table des bons cocus. Et, à l'appui de ce programme, des vieux vins furent montés de la cave et Mme Pincetrouille mit une délicieuse toilette outrageusement décolletée et bien faite pour maintenir en appétit son amant. Une fort honnête femme, comme vous le voyez, mais qui aimait à varier le thème un peu monotone de l'adultère, par de petits ragoûts amoureux et des surprises où les garçons prenaient quelque fantaisie.

II

Mais Dieu dispose, même après que la femme a proposé. Pincetrouille s'enivra comme une bourrique et était, au troisième service, hors d'état de se rendre compte de quoi que ce soit se passant autour de lui. Aussi sa femme eût-elle pu le tromper sous son propre nez, ce que certaines affectionnent, très follement à mon avis. Car, outre qu'il est inutile de rendre plus ridicule l'homme qu'on déshonore et dont on continue à supporter la compagnie, rien ne vaut, pour une belle et consciencieuse chevauchée amoureuse, le mystère parfait et l'extrême solitude, l'absence de toute inquiétude et un état tout à fait béat de l'esprit. A ce prix seulement je puis répondre personnellement de mon éloquence. Je suis comme Démosthène avec ses cailloux. Seulement je remplace les cailloux par une jolie personne et je ne la mets pas tout entière dans ma bouche. Alors le plan de Mme Pincetrouille a tout à fait réussi ? Vous ne le voudriez pas pour l'honneur de la morale que je sers comme une seconde patrie. Pincetrouille était notablement saoul. Mais Hostebeath était ivre-mort. Ces Anglais savent si malaisément se modérer, même quand il s'agit de conquérir des archipels ! Or, bien que les chansonniers nous vantent toujours les services rendus à Vénus par Bacchus et qu'il y ait même un adage que M. Lockroy seul se fait gloire d'ignorer, vous savez aussi bien que moi à quoi vous en tenir sur cette faribole. Bacchus et Vénus sont au fond, comme chien et chat (Bacchus, le chien bien entendu). Le premier joue à l'autre un tour des plus abominables. Ce n'est pas les méchants qui sont buveurs d'eau, comme dit encore une autre sottise populaire, mais bien ceux que Charles Baudelaire appelait les « amoureux fervents ».

Dame Pincetrouille joignait quelque expérience à sa jugeotte naturelle. Incontinent (comme Hostebeath) elle jugea que celui-ci ne ferait absolument rien. Elle en était pour ses épices de homard à l'Américaine et pour sa confiture de gingembre, sans compter les sourires assassins qu'elle avait prodigués et la déchirure de son corsage dont elle avait augmenté l'échancrure pour donner de l'air à deux tentants prisonniers infiniment moins mélancoliques que Silvio Pellico.

Or donc entra-t-elle dans une colère abominable qui se porta tout entière contre le malheureux Hostebeath. Ce qu'elle lui fit péter aux oreilles les : ivrogne ! et les : fainéant ! et les : nom de Dieu ! et les fichtre ! Il en eût été abasourdi, s'il y eût compris quelque chose. Les derniers mots qu'elle prononça en sortant le frappèrent, seuls, quand elle referma brutalement la porte derrière elle, en emportant la lumière :

— Sac à vin, criait-elle, tu mériterais d'être en prison !

III

Nos deux buveurs bénévoles étaient donc demeurés dans l'obscurité. Pincetrouille, qui était pudique à l'ordinaire, mais qui étouffait de partout, en profita pour retirer sa culotte et s'asseoir à nu sur un large fauteuil canné qui lui imprima son treillage dans les chairs ; mais il goûta, par en bas, une fraîcheur délicieuse. Et se renversant en arrière dans le dossier, il se mit à y ronfler comme un orgue.

Pendant ce temps, Hostebeath, qui, lui, avait gardé tous ses vêtements, s'était laissé couler à terre, sur le tapis, et, le nez en l'air, s'endormait aussi, sans se rendre compte le moins du monde où.

Et les dernières paroles, prononcées par Mme Pincetrouille furieuse, lui tintant aux oreilles et dans le cerveau chargé de fumées, il fut la proie d'un abominable cauchemar.

La menace de sa rancunière hôtesse s'accomplissait ; on l'avait jeté dans un cachot fermé par en haut, comme une cage, et, derrière les barreaux, une figure narquoise le regardait, une grosse face de borgne qui n'avait qu'un œil, mais un œil noir, profond et sournois. Qu'était ce monstre? Un geôlier, sans doute. Peut-être le bourreau qui le guettait déjà ! Que lui voulait ce Cyclope obstiné et curieux, monocule et malveillant? Une impression d'angoisse terrible s'ajouta, chez le malheureux jeune homme, à l'oppression qui lui venait de son état gastralgique évidemment fâcheux. Il voulait écarter le grillage, le déchirer ! impossible ! Ses bras pendaient à ses côtés, comme si du plomb eût subitement coulé dans leurs veines. Et l'œil était toujours là, comme celui qui regardait Caïn dans sa tombe, impassible, noir, béant. Tout à coup, cet œil fantastique et sans paupière s'écarquilla furieusement. Un coup de tonnerre retentit, Hostebeat se réveilla en sursaut.

La lune s'était levée qui éclairait la pièce d'une lumière mystérieuse et blanche, inquiétante et fantasmagorique. Tamisés par la candeur transparente des rideaux, les rayons venaient tomber, obliques, sur les choses, en festonnant d'argent les contours, un frisson neigeux qui courait sur les arêtes. Hostebeath se pinça un mollet pour s'assurer qu'il ne rêvait plus. Alors son effroi grandit jusqu'aux limites de la raison vacillante. Il se sentit devenir fou. Il n'avait pas rêvé. Dans 'te clarté diffuse, précisant seulement par places s objets, il distinguait parfaitement, au-dessus de son visage, le petit grillage serré dont il s'était cru emprisonné seulement en songe; et, derrière ce grillage, la grosse face qu'il avait entrevue, en dormant, bien en chair cette fois-là avec le même œil terrible, fixe, médusant. Non! Non! Ce n'était pas une illusion de son sommeil. Il était bien captif, il était bien guetté par un mystérieux témoin. Et l'œil effroyable s'écarquilla de nouveau. Un souffle démoniaque lui passa au visage, en même temps qu'un second éclat de foudre lui tonnait aux oreilles.

— Grâce! grâce! clama-t-il, en ramenant sur ses paupières, ses mains frémissantes de peur. Pincetrouille, réveillé à son tour, en sursaut, se leva brusquement. Hostebeath comprit tout à coup. Il s'était endormi, dans l'obscurité, le nez en l'air, sous le fauteuil canné où son ami s'était laissé crouler, après avoir retiré son inexpressible. Qui dira le mystérieux passage de la réalité au rêve et combien le rêve est toujours inspiré par quelque réalité voisine!

Quand il conta, le lendemain, son cauchemar à son ami, dégrisés tous deux qu'ils étaient, Pincetrouille qui était aussi mal élevé que moi-même, en rit aux larmes. Mais Hostebeath, le flegmatique enfant d'Albion, demeurait sérieux et sous l'impression de la terreur véritable qu'il avait éprouvée à son réveil.

— Ce borgne! disait-il, ce borgne! J'ai avé toujou

son œil unique devant moâ. S'il en avait eu deux, je crois que jé aurais eu moins peur.

Et l'idée lui passant par l'esprit du fait matériel qui avait causé cette illusion, il ajouta avec une naïveté exquise dans le sourire :

— Aoh ! par exemple ! si ça avait été Milady Pincetrouille !

JUSTICE PERSANE

JUSTICE PERSANE

I

Jamais noces ne furent plus somptueuses assurément que celles de l'adorable Mirza et du bel Abakaka, un des plus nobles guerriers qu'ait enfantés la Perse contemporaine. Sur une véritable jonchée de fleurs les époux furent reconduits à la maison nuptiale. Or, on sait que la rose, la tulipe et le lilas sont nés sur cette lointaine terre et, dès l'origine des mondes, y balancent leurs printaniers encensoirs. Ce fut, au passage du cortège, un ruissellement d'étoffes superbes sous le soleil et les jaunes éclatants s'y mêlèrent aux azurs pâles et aux pourpres amorties. Les pierreries y jouaient, abondantes comme une rosée dans un rayonnement d'aurore. Jamais, non plus, autant de vœux ne saluèrent un jeune ménage, et sur les guitares orientales où sonnent deux cordes seulement, autant d'épithalames ne furent chantés. Seul, le jeune poète Hassan refusa absolument de rien composer pour la circonstance. Il ne lui convenait pas de célébrer le bonheur d'un rival. Car lui aussi aimait Mirza et il n'était pas sûr qu'il n'en fût aimé. Car, là-bas aussi, les cœurs ne sont pas toujours unis selon leur fantaisie. La gloire d'Abakaka avait parlé plus haut que la renommée naissante d'Hassan. Or, il vous faut bien apprendre que Mirza était fille d'un homme vénéré et opulent, le jurisconsulte Togrul, qui avait décrotté un nombre considérable de pandectes persanes et était considéré comme une véritable lumière de justice. On le venait consulter des confins du royaume dans les cas difficiles. C'était le Rominagrobis de la contrée, et quand un Rabelais naîtra, dans ce splendide pays, il ne saurait manquer de faire son portrait.

Rien de plus légitime d'ailleurs que la mauvaise humeur de Hassan dans cette circonstance. Car on n'aurait su imaginer une plus délicieuse créature que cette fille de Chicanous, brune à l'envi, avec de longs yeux qui semblaient des ruisseaux plutôt que des lacs, des ruisseaux bordés de joncs flexibles et où descendaient les jumelles images de deux

étoiles. Sa bouche était comme un fruit qui s'entr'-
ouvre sur de savoureux pépins aux blancheurs na-
crées. Son visage avait les plus délicieux contours
et tant de pudeur enveloppait le reste de ses charmes,
abondant cependant sous la trahison des étoffes tendues, qu'il y aurait mauvaise grâce autant qu'inconvenance à déchirer les voiles pour découvrir le
plus aimable pourtant des secrets. Une créature
d'une splendeur aussi délicate était-elle vraiment
faite pour un soldat rude et sans mélancolie, comme
cet Abakaka ! Je n'en suis pas convaincu et le doux
Hassan était convaincu du contraire.

Une façon de lune de miel n'en éclaira pas moins
ce mariage insuffisamment assorti. Mirza avait bien
un peu peur de son mari. Mais elle se croyait forte
de ses grâces mêmes et de sa propre faiblesse,
apportant d'ailleurs dans la vie intime une chasteté
tellement obstinée que, réduit à l'exercice rigou-
reux de ses droits, Abakaka, après trois mois d'hyménée et malgré ses supplications mêlées de vagues
menaces, n'avait pas encore entrevu la montagne
exquise de neige et de lys que devait être, à nu, le
naturel séant d'un être aussi parfait en toutes
choses. Il en éprouvait une curiosité naturelle,
mais malsaine, essayant de maintes surprises pour
se trouver face à face avec ce rêve vivant. Mais la
pudeur savante de Mirza déjouait tous ses astrono-
miques projets et jamais l'astre n'avait passé dans
le champ de ses observations souvent répétées. Il
avait été jusqu'à consulter Togrul sur les moyens
de procédure qu'il pourrait employer vis-à-vis de
sa femme, mais celui-ci lui avait répondu en riant

qu'il n'existait aucun texte de loi qui forçât une épouse à montrer son derrière à son époux.

II

Cependant Hassan qu'eût enchanté, s'il l'avait connue, cette révolte intérieure, se consolait, comme les poètes ont coutume de le faire, en maudissant l'ingrate sur les rhytmes les plus variés. Cette façon de monologue douloureux le lassa bientôt lui-même. Dans quelques rencontres furtives, Mirza lui avait souri, avec une grâce où il avait cru lire quelque pitié. Le courage lui revint au cœur, sinon l'espérance. Et, changeant subitement de ton, il se mit à moduler des chansons d'amour qu'il écrivait sur de larges feuilles de pivoine et qu'il livrait aux caprices d'un ruisseau venant passer dans le jardin de la bien-aimée. Comment Mirza fut-elle mise au courant de cette fantaisie postale ? Toujours est-il que, plus souvent, elle s'en vint rêver au bord de l'eau claire, qui passait, dans les hautes herbes fleuries, entre deux franges d'argent clair. Elle se contenta d'abord de regarder passer les microscopiques radeaux où s'en allait un peu d'une âme vraiment amoureuse. Puis, avec un roseau, elle en amena, un jour, un jusque sur le rivage, trempant dans l'eau qui en tressaillit d'aise, l'ivoire tiède de ses pieds aux ongles roses et se penchant à peine retenue d'une main aux feuillages ployants d'un saule. Ce qu'elle lut la charma sans doute, car elle recommença le lendemain et bientôt en vint-elle à avertir son platonique ami de sa présence, en agitant doucement le saule sous lequel elle attendait le passage des billets doux et dont le sommet dépassait la cloison maudite du jardin, où Hassan aurait voulu tant pénétrer, au risque de mourir après. Car, pour un amant vraiment épris, la vie entière n'est rien auprès d'un regard de sa bien-aimée. La fantaisie de répondre lui vint aussi, bien qu'elle sentît qu'elle ferait mal d'écrire. Et puis, le ruisseau avait un cours rapide et impossible à faire remonter à un si léger bateau. Il aurait fallu pouvoir prévenir Hassan qu'il s'en allât attendre à l'autre extrémité du jardin, ou encore lui jeter cela par-dessus les hauts feuillages. Mais le vent l'emporterait sans doute ou quelque branche mal avisée, le retiendrait au passage.

Et cependant ce que Hassan lui avait écrit ce jour-là, l'avait profondément touchée, et, après avoir taillé en stylet un menu morceau de bois et développé, en papyrus, un joli morceau d'écorce de bouleau, elle allait à tout hasard, écrire à son tour, quand une main s'abattit sur la sienne, tandis qu'une autre main saisissait la feuille de pivoine révélatrice que l'imprudente avait laissée là pour y relire encore.

C'était Abakaka, en personne, qui, ayant encore échoué la nuit précédente, dans son caprice lunaire, inquiet vaguement et par pressentiment jaloux, avait erré, dans le jardin, à la recherche de sa femme, et venait de la découvrir dans son épistolaire occupation.

La colère du vilain homme ne connut plus de bornes, quand il eût lu ces strophes bien éprises de

Hassan dont il reconnut d'ailleurs immédiatement l'auteur, les amateurs d'autographes l'ayant popularisé dans tous les albums des belles dames du pays. Que cela vous apprenne, ô poètes ! mes frères, à ne pas écrire trop facilement sur les albums !

> Dans tes yeux, tes beaux yeux d'enfant,
> S'allume, lorsque tu t'éveilles,
> L'or clair d'un soleil triomphant,
> Que mirent deux sources pareilles.
>
> Quand un rêve passe sur eux,
> On dirait l'haleine opaline
> Qui descend sur les lacs ombreux,
> A l'heure où le couchant s'incline.
>
> En les contemplant tour à tour
> J'y trouve — allégresse ou souffrance —
> Tantôt l'aurore d'un amour,
> Tantôt le soir d'une espérance.

— Ah ! c'est ainsi, madame, que vous lisez ce que vous écrivent les galants !

Et, rouge de colère, entrevoyant, du même coup rapide, le moyen de satisfaire son caprice conjugal et sa vengeance d'époux tout ensemble, avant que la pauvre Mirza ait eu le temps de se mettre en défense, Abakaka la saisit sous son bras vigoureux, la ploya sous sa large épaule gauche, la tête en arrière, releva, de sa main droite, sa longue jupe de gaze et, sans se laisser désarmer par la blancheur du suppliant, administra, à son épouse confondue, une admirable fessée.

A peine relevée sous l'outrage, Mirza lui lança un

regard de haine et s'en fut, en courant, sous les lilas qui, pour la consoler, lui baisèrent, amoureusement, les cheveux au passage.

III

Une heure après, le général Togrul était en train de manger voluptueusement une pêche au fond de son verger, quand il vit venir à lui sa fille, enveloppée du voile de deuil qu'ont coutume de prendre les femmes persanes quand elles veulent demander le divorce, et qui est tout parsemé d'étoiles d'or, comme le voile frémissant de la Nuit. Cette toilette lui seyait à ravir.

Avant qu'il ait eu le temps d'exprimer sa surprise, pareille à une suppliante et debout dans une attitude à la fois humble et résolue, d'une voix où vibrait l'indignation, elle conta au vieillard le traitement indigne dont elle venait d'être l'objet, elle, l'unique enfant du plus grand jurisconsulte de la Perse entière.

Togrul parut partager absolument son étonnement et sa colère. Mais il ne dit rien d'abord, étant, de nature, absolument circonspect.

— O ma fille bien aimée, fit-il enfin, d'une voix solennelle. Montre-moi l'endroit où cet indigne t'a frappée.

— Vous verrez qu'il est encore rouge, mon père, dit Mirza en obéissant avec une dignité pudique. Car elle sentait bien qu'il fallait mesurer le châtiment du délit à son intensité.

Mais, sans faire la moindre constatation, renouvelant la mimique énergique de son gendre, le vieux magistrat octroya à sa fille, vigoureusement maintenue sous son aisselle, une seconde fessée qui n'avait rien à envier à la première.

Et lui montrant ensuite, d'un doigt plein d'autorité, le domicile conjugal dont le toit retroussé apparaissait dans le feuillage :

— Va, ma fille bien-aimée, fit-il. Retourne chez toi et dis à ce misérable que j'ai traité sa femme comme il avait traité mon enfant !

Et, gravement, il se reprit à manger sa pêche, se disant que la loi du talion demeurait, à travers le décousu de la jurisprudence, la première, la seule et l'originelle loi !

L'ASSASSIN

L'ASSASSIN

I

Il y a dix ans encore, tout le monde pouvait voir, en traversant la petite ville de Bousigny-le-Vacheux, en Vexin, dans la rue la plus commerçante de la cité, dans la rue des Étripettes, une enseigne, — non, mes enfants, mieux que cela, un tableau ! — représentant une jeune dame coiffée d'un cabriolet, avec des manches à gigot, ressemblant vaguement à madame Adélaïde et recueillant pieusement, sous un énorme chou, un chérubin sans ailes, dodu comme un chapon, cela avec beaucoup de naïveté confiante dans la physionomie. Au-dessous, on lisait en gros caractères un peu estompés par la pluie :

MADAME NOBLEVENT

SAGE-FEMME SUPÉRIEURE

La titulaire de ce modeste certificat était une grosse femme, forte en couleur comme une tomate, avec un persillement de moustache noire au-dessus des lèvres, luronne qui n'avait pas dû déplaire, en son temps, aux gringalets qui toujours, par le pouvoir mystérieux des contrastes, ont aimé les personnes puissantes. Mais les gringalets en avaient été pour leurs gringaletteries, j'entends pour d'inutiles hommages et pour de platoniques soupirs. Feu Noblevent était descendu dans la tombe sans diabolique bonnet au front. Cette jardinière de gosses était une fort honnête femme et tout à fait habile dans son état. Elle était fort aimée dans le pays, de tout le monde qu'elle avait, en grande partie, guidé dans sa première promenade à travers les choses, hormi toutefois des médecins qui ne trouvaient pas à faire un seul accouchement dans la contrée. Ah ! oui ! qu'elle s'y entendait à la cueillette de ces fruits-là ! Elle avait même fait des remarques très intéressantes sur la façon dont les enfants se présentaient dans la vie et en avait tiré des déductions tout à fait nouvelles sur leur caractère à venir.

— Il y a tout à espérer, disait-elle, d'un marmot qui vous arrive, tête en avant, comme un petit taureau. *Cornu ferit ille, caveto !* (la citation est de moi, non d'elle). Il fera vaillamment face à la vie et sera vraisemblablement cocu, parce qu'il sera loyal et bon. Ne pas traiter sévèrement non plus, mais les retourner adroitement dans leur première culotte, les enfants qui se présentent résolument par le derrière. Ce sont, en général, plus tard, des gens mal élevés, mais qui font de l'œil aux femmes, et qui amusent les autres en société. Dame ! ce ne sont pas des esprits raffinés ; les personnes qui tiennent à ne rire que congrûment ne les doivent pas fréquenter. Celles-là se doivent contenter de l'entretien de Legouvé ou de Pailleron. Elles ne riront pas souvent, mais elles ne riront jamais qu'en personnes de goût, décemment et sans faire péter leurs bretelles.

Se méfier absolument, en revanche, des sournois, qui vous tendent leur côté, où vous mettent une jambe à la fenêtre. C'est des natures de filous qui mettront votre bien dans leur poche de gilet et se sauveront ensuite en Belgique. Mais se méfier plus encore du gosse redoutable qui fait son entrée le bras tendu en avant, raide, et comme s'il tenait déjà un poignard. Celui-là, — heureusement le cas est rare ! — sera certainement un assassin. La logique voudrait qu'on le refoulât impitoyablement dans les entrailles maternelles et qu'on bouclât, sur lui, cette malle vivante pour qu'il n'en pût sortir jamais. Si on avait pris cette précaution pour Oreste, Clytemnestre serait peut-être encore de ce monde et y ferait le bézigue de madame Adèle Courtois. Mais un préjugé stupide s'oppose à cette réintégration à domicile d'un vagabond qui ne causera que des malheurs. C'est toutefois un devoir de mettre en méfiance les parents et leurs amis contre ce nouveau venu.

Telles étaient les théories injurieuses et fantaisistes qu'une longue expérience avait faites celles de madame Noblevent, et qu'elle exposait volontiers à ses compatriotes de Bousigny-le-Vacheux.

II

O pulchra matre filia pulchrior! Je ne sais pas qui a mis, ce matin, du latin dans le tabac de ma première cigarette, mais il n'en avait pas plus mauvais arome pour cela. Les érudits ont deviné déjà (Gailhard seul et Paravey se consultent) que cela veut dire : madame Noblevent avait une fille infiniment plus jolie qu'elle. Et ils ont bougrement raison. Mademoiselle Pulchérie Noblevent, que sa mère venait de reprendre auprès d'elle, après l'avoir fait élever au couvent à Paris, n'était pas de ces jeunes filles qui vous dégoûtent de les épouser, parce qu'en regardant leurs mères, on se dit qu'elles seront pareilles un jour. D'abord elle était blonde, de teinte pâle, sans le moindre duvet sous le nez, d'une aristocratie parfaite de tournure, avec une pointe de sang de duchesse dans les veines, comme les vins légers qui avoisinent les grands crus. La distinction était la caractéristique de sa personne et tout de suite elle avait montré la noblesse originelle de ses goûts. C'est ainsi qu'elle avait forcé sa mère à enlever le tableau représentant madame Adélaïde horticultant dans les jardins de la fécondité, et qu'elle lui avait fait faire un délicieux papier à lettres avec en tête représentant un Amour sortant d'un œuf, tandis que, sur un ruban bleu que caressait un zéphyr imaginaire, on pouvait lire ce vers de Musset, évidemment rassurant pour les dames qui vont accoucher :

Où le père a passé passera bien l'enfant ?

Il ne semblait pas que le culte de Lucine dût convenir à une personne d'aspirations si poétiques. Cependant Pulchérie avait l'intention d'hériter le cabinet de sa mère, et celle-ci la conduisait, avec elle, chez ses clientes, lui montrant d'abord la manière de s'en servir, même en voyage, et la faisant opérer, plus tard, sous ses yeux, pour corroborer son éducation théorique de quelque pratique. Et Pulchérie était rapidement devenue adroite comme un singe dans l'art de délivrer les femmes qui ont fauté légitimement ou non. Elle vous leur tirait cela comme un babouin vide une noisette de son amande savoureuse, et sans y mettre les dents. Tous les cas lui avaient été présentés déjà, et elle avait triomphé des plus difficiles. Elle avait eu affaire à de futurs farceurs, dont elle avait amené, sans encombre, l'éclosion à la lumière. Il n'y avait que le futur assassin, celui qui menace déjà du poing par la fenêtre avant d'avoir montré son nez, qui lui était inconnu. Maintenant, madame Noblevent attendait tout simplement, dans la pièce voisine, que sa fille eût achevé l'opération.

— Dans le cas seulement, lui avait-elle dit, où le môme se présenterait de façon à menacer déjà la société de son bras, tu m'appellerais.

Et, faut-il l'avouer? La curiosité est si naturelle à la femme! Cette délicieuse Pulchérie avait une envie folle de voir comment Lacenaire et Prado s'y étaient pris pour donner au monde leur premier coup de chapeau.

III

J'ai fort sottement omis de vous dire que, dans cette même rue des Étripettes, et presque en face de la sage-femme, demeurait un sieur Minet-Galand pour lequel il faut vous défendre tout d'abord d'avoir une sympathie. C'était, en effet, un de ces malotrus dont j'ai parlé plus haut et qui ont mis, en naissant, tout autre chose que leur visage à la première lucarne qui s'est entrebâillée devant eux, dans la pénombre du rideau. J'entends que c'était un homme pas méchant, mais aimant à rire grossièrement et volontiers faisant de mauvaises farces. Au régiment — car il avait servi — on le redoutait et on l'admirait à la fois pour les facéties dont il amusait et troublait tout ensemble les chambrées. C'était un gaillard un peu ventru, ayant le verbe haut (les deux) et, de plus, un peu rageur, comme les gens qui aiment à embêter les autres, mais n'entendent pas en être, eux-mêmes, embêtés. Très commun au demeurant, et pas du tout fait pour inspirer de l'amour à une délicieuse pimbêche comme mademoiselle Pulchérie Noblevent.

Toujours le mystérieux pouvoir du contraste que je signalais plus haut !

Eh bien, cet animal n'était-il pas amoureux fou de la fille de sage-femme et ne vint-il pas, un jour, lui demander impudemment sa main !

Madame Noblevent trouvait que la chose méritait réflexion et même considération. Ce Minet-Galand avait du bien. Il avait gagné une petite fortune dans la tannerie, après avoir perdu un doigt au Tonkin. Bref, ce n'était pas un parti méprisable. Mais mademoiselle Pulchérie s'esclaffa quand il lui en fut parlé. Ce butor ! cet incongru ! ce conteur de sales billevesées. Elle aimerait mieux coiffer sainte Catherine... et même au besoin sainte Catin, ce que préfèrent beaucoup de demoiselles ! Un pansu comme cela, dans ses draps ! Mais elle rêverait toute la nuit, qu'elle est saint Antoine, et un saint Antoine sans tentations, ce qui est ridicule ! La voyez-vous, dans la rue, pendue à l'anse de ce muids ! Et elle riait de toute la blancheur de ses dents et de toutes les larmes de ses yeux, tenant ses côtes entre ses jolis doigts fuselés et blancs, s'ébouriffant la chevelure, se tapotant doucement le ventre avec des hi ! hi ! hi ! qu'on entendait jusque dans la maison du malheureux Minet-Galand.

Celui-ci conçut, de cette intempestive gaieté dont tous les voisins l'avertirent charitablement, une épouvantable rancune, et qui l'eût observé froidement eût certainement frémi devant le nombre de projets burlesques et méchants que l'amant éconduit roulait dans ses yeux, comme un microcosme d'étoiles moqueuses et mauvaises. Mais il ne témoignait rien à personne de ses diaboliques desseins. Tout au plus, les avait-il dû confier à son ami et ancien compagnon d'armes Pissolet, qui habitait le chef-lieu du département et qu'il allait voir tous les dimanches, mais on n'avait jamais pris la peine de se déranger pour lui rendre ses visites.

Madame Noblevent, qui était une excellente femme, avait pris la peine de le consoler elle-même.

— Les jeunes filles sont si capricieuses ! lui avait-elle dit.

Elle lui avait même donné à entendre que, volontiers, elle se remarierait elle-même, si la mère lui plaisait autant que la fille. Elle avait toujours eu le sentiment du sacrifice.

Minet-Galand fit celui à qui on vient de fourrer une meringue dans chaque oreille.

Il eut néanmoins le bon goût de ne pas éclater de rire à son tour, comme il en avait une furieuse envie. Et, durant ce temps, sa vengeance mijotait.

IV

Une nuit de décembre, affreusement froide et traversée par un vol intermittent de neige, comme si les anges plumaient déjà les oies pour y fourrer des célestes marrons à la Noël : une nuit coupante de givre comme une semaine de rasoirs et vous piquant au nez les aiguilles d'une pelote invisible. Ah ! bien que courageuse, madame Noblevent fit une rude grimace quand on la vint prévenir qu'une dame, arrivée depuis une heure, se trouvait en mal d'enfant, à l'hôtel du Grand-Ours, à l'autre bout de la ville.

— Encore une mâtine, fit-elle, qui en aura fait à son mari !

Mais elle ne connaissait que le devoir. Tout en grommelant elle se leva et réveilla Pulchérie à qui elle ne voulait pas faire perdre une leçon. Pulchérie, qui était la curiosité même, et qui flairait là un bout de roman, sauta presque joyeusement du lit, découvrant au passage, un tas de détails aimables que, frileusement, elle enferma ensuite, en faisant brrr, du bout mutin et rose de ses jolies lèvres. Ah! si j'étais un homme mal élevé, comme ce Minet-Galand que Dieu confonde! je vous en ferais là une de ces descriptions qui réjouissent l'âme perverse des voluptueux. Mais non! voici Pulchérie déjà enveloppée dans une fourrure de lapin russe ressemblant à de la loutre à s'y méprendre, surtout dans l'obscurité la plus complète. Et eussé-je préféré personnellement tutoyer de l'index tout ce qu'elle cachait dans ce faux vêtement que ce que recèlent, sous d'authentiques peaux de bêtes, un tas de mijaurées n'ayant pas la belle fraîcheur charnelle de mademoiselle Noblevent.

Un maigre feu brûlait dans la chambre d'auberge. Je m'aperçois que c'est un vers, après l'avoir écrit. Je l'attribuerai à un autre, parce que je ne le trouve pas bon. Un homme, ayant bien l'air respectable et grognon d'un ancien militaire arpentait la pièce en croisant douloureusement les bras. Dans un lit trébuchant, sous un amoncellement de couvertures, tournant le dos, la tête complètement enveloppée d'un foulard et s'enfonçant avec des geignements misérables dans l'oreiller, haletant, un être était étendu, impossible à reconnaître, gigotant avec des hoquets désespérés dans la gorge.

— La malheureuse est là, fit le troupier en retraite, en montrant cette couche déplorablement habitée. Madame la sage-femme, voilà longtemps que les douleurs ont commencé. Hâtez-vous !

Madame Noblevent avait déjà jeté sur un fauteuil à ramages son schall et son chapeau.

— Laisse-moi faire, maman, fit Pulchérie.

Madame Noblevent céda la place à sa fille qui se mit en mesure, tout en prononçant de consolantes paroles, de vérifier où en était la cliente. Mais à peine l'investigation était-elle commencée qu'elle pâlit affreusement et s'écria :

— Maman ! maman ! un assassin !

Un rire vraiment infernal sortit de dessous les couvertures. C'était cette canaille de Minet-Galand qui s'était déguisé en femme et couché pour bafouer, du même coup, la sage-femme et sa fille. Son complice était l'infâme Pissolet.

— Eh bien, madame Noblevent, demanda cyniquement l'impudent, voulez-vous que j'épouse votre fille ou que j'ébruite l'aventure ?

— Vous êtes un drôle, monsieur Minet-Galand, répondit avec beaucoup de dignité, la sage-femme. Epousez ma fille, si elle y consent, mais je vous préviens que je serai la première à l'engager à ne vous être pas fidèle.

Pulchérie, furieuse, épousa, néanmoins, pour la satisfaction de la morale. Et puis, vous allez voir comme la vie est drôle! Elle ne fut pas plutôt mariée qu'elle pardonna à son mari, ne le trompa pas du tout et se prit à l'adorer ensuite. Ils font un ménage absolument charmant. Vous savez, mesdames, ces gros-là qui aiment à dire des farces et même à en faire, sont quelquefois d'excellents maris.

PÊCHE MIRACULEUSE

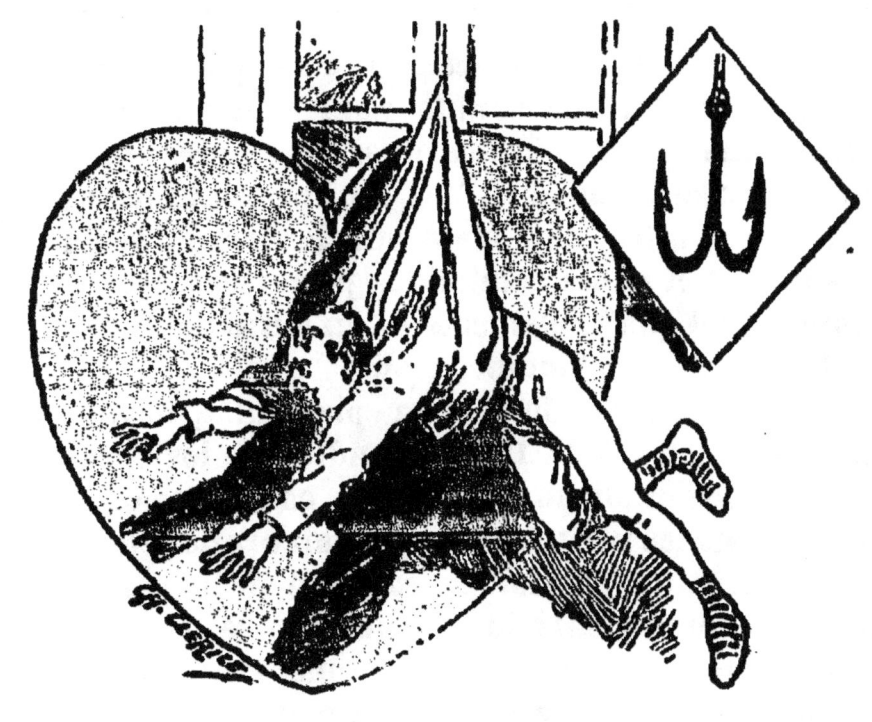

PÊCHE MIRACULEUSE

I

La fraîcheur du matin sous le frémissement argenté des saulayes; sur l'eau qui glisse entre les joncs dressés comme des flèches, sous les larges feuilles des nénuphars serrées comme les boucliers de la macédonienne phalange, suivre les imperceptibles sursauts d'un bout de plume; marcher dans l'herbe haute et mouillée, un vol effaré de libellules aux ailes transparentes vous passant au visage; suspendre son souffle pour n'en pas faire trembler une feuille; s'isoler ainsi dans le rayonnement de l'aurore tamisé par les feuillages et faisant courir des gouttes d'or clair sur le gazon, voilà certes un bel et noble emploi des premières heures du jour et tel que je n'en sais qu'un autre meilleur, lequel je vous dirai bientôt aussi.

Je n'ai jamais souffert qu'on plaisantât, devant moi, les pêcheurs à la ligne. Tandis que les chasseurs sont les mauvais génies des campagnes, les pêcheurs sont les véritables moralisateurs des eaux. Ils enseignent au poisson la sobriété en lui montrant les inconvénients de la gourmandise. Ce sont les Lycurgue des fleuves et des étangs. Leur plaisir silencieux ne trouble personne : ils n'emplissent pas des claquements de la poudre l'air d'où toute sérénité s'enfuit à leur approche. Paisibles et patients, ils sont l'image du citoyen docile et que le premier imbécile du monde suffirait à gouverner, ce qui est la première condition pour le bonheur des peuples. Leur immobilité professionnelle pourrait être ingénieusement utilisée dans bien des emplois, celui des poteaux indicateurs, par exemple. La régularité de leurs habitudes les pourrait substituer aux chronomètres. Enfin je ne connais pas de gens plus utiles à la bonne gestion d'un État dont les maîtres ne demandent qu'à tripatouiller tranquillement, ce qui est l'idéal de tous les gouvernements pacifiques.

Oh! cette ouverture annuelle de la pêche, quel souvenir! Je n'en dormais pas, autrefois, d'une huitaine, au temps où la fantaisie entrait pour quelque chose dans l'usage monotone de mon temps. Maintenant encore je m'associe aux impatiences des autres et je partage leurs fièvres. Et ma pensée les suit jusqu'au bord de la rivière qui ne semble plus qu'une large épée sous les lances abaissées de chevaliers prêtant quelque solennel serment.

Je dois dire cependant qu'aucun homme ne ressentait les impressions grandioses au même point que le notaire Péconstat pour qui cette semaine d'attente, cette longue veillée des armes avant le grand jour prenait les dimensions d'une maladie. Ses dossiers! C'est inouï ce qu'il s'en fichait pendant cette période d'énervement délicieux. Il montait, montait des lignes, attachait, attachait des hameçons ; préparait, préparait des amorces, incapable de toute autre chose, inhabile à rédiger le moindre contrat. Il avait l'esprit si fort empli de noms de poissons qu'il en farcissait ses actes, appelant le marié : M. Gardon quand il se nommait M. Thomas, et la fiancée : mademoiselle Brême quand elle était demoiselle Capoulot! Plusieurs mariages furent déclarés nuls de ce fait, ce qui lui nuisit infiniment dans la région. Ses rêves étaient d'une inconvenance troublante. Toujours la ligne en main et il se réveillait en appelant sa femme : mon ablette adorée!

Eh bien, il y avait une personne plus heureuse encore que lui de l'ouverture de la pêche : madame Péconstat ; et un garçon plus content qu'eux deux à la fois : son clerc Landry.

Mais ceci mérite une explication.

II

J'ai dit qu'il est un emploi, plus noble encore, des heures radieuses du matin, que la poursuite des goujons sur l'or mouvant des sables qu'ils recherchent au fond de l'eau. C'est, s'il vous plaît, et sans autre préambule, de s'aller coucher avec sa bonne amie, en la surprenant encore au lit, endormie à moitié, dans la moiteur exquise du sommeil qui met à sa peau, naturellement parfumée, comme une rose intérieure, telle enfin qu'une fleur dont ni le vent ni l'averse n'ont dispersé les précieux aromes. Ce que les chevelures tièdes et les gorges légèrement luisantes sentent bon, et ce que les chairs reposées ont de saveur au toucher, et que le baiser inconscient sur une bouche qui s'épanouit est doux, c'est ce que je ne me charge pas de vous apprendre. Mais, ô vous, les rares aujourd'hui, qui vous levez au chant du coq pour quelque poétique labeur, je vous recommande cet intermède à vos travaux. Les salutaires effluves de la première toilette, votre tâche achevée, offrez-vous ce sublime délassement. S'il faisait partie de la règle des Chartreux qui se lèvent à quatre heures, il y a longtemps que je ferais des liqueurs dans le Dauphiné, dont on boirait les contrefaçons dans le monde entier. C'est fort sérieusement que je vous parle : On a dit que l'amour était de toutes les saisons. Quatre fois l'an, ce serait peu. Mais heureusement aussi est-il de toutes les heures. Or, en toute sincérité, je vous conseille celle-là, et cette invasion en plein réveil dans le lit où la bien-aimée n'est pas encore tout à fait réveillée. Pour vous bien faire accueillir, inventez mille délicatesses exquises et tâchez de n'être pour elle que la suite d'un rêve aimable épargnant à sa pudeur la honte des réalités. Vous serez très mal reçu en entrant à la façon bruyante des conquérants, dans la chambre, par exemple en tirant des coups de canon.

Mais ce point de doctrine qu'il importait de discuter m'a tout à fait détourné de la suite de mon histoire. Il n'y est cependant pas étranger. Vous avez deviné déjà, malicieux que vous êtes, que cette bonne madame Péconstat et ce précieux clerc Landry se réjouissaient infiniment de la réouverture de la pêche, parce que M. Péconstat reprenait la coutume de sortir à cinq heures du matin, pour guerroyer sur la rivière, ce qui permettait à son fidèle employé de se venir glisser entre les draps de son épouse. Ah! ça ne mordait pas toujours dans le fleuve. La perche se montrait quelquefois récalcitrante et le carpillon dédaigneux. Mais ces désillusions étaient inconnues dans la couche du notaire absent. Supériorité évidente, au moins dans la jeunesse, et Landry avait vingt ans, — de l'Amour sur la pêche! J'en pourrais signaler d'ailleurs plusieurs autres encore qui font, qu'au demeurant, le métier d'amant heureux est préférable à celui d'écumeur de petits cours d'eau.

Hæc dies quam fecit Dominus, comme dit le psalmiste, le grand jour était venu et jamais M. Péconstat ne s'y était préparé avec plus d'enthousiasme.

Il avait juré de commencer la dévastation de la rivière par la prise d'un énorme brochet qu'il guignait depuis longtemps, entre deux eaux, quand l'ensoleillement des surfaces y fait monter les voluptueuses bêtes. A l'intention du monstre il avait monté plusieurs hameçons à double crochet, solides à y accrocher un bœuf et tels qu'on les emploie pour pêcher au vif le gros gibier avec quelque véron ou quelque épinoche frétillant au bout. Pour ne pas les perdre, il les avait mis, la veille au soir, sous son oreiller avec son mouchoir et sa tabatière, tout le reste de son équipement l'attendant sur les différents meubles de sa chambre et bien soigneusement omit-il, avant de s'endormir, de s'épuiser en caresses auprès de son épouse qui, d'ailleurs, l'en tenait volontiers pour dispensé, en attendant la petite fête du lendemain matin.

III

Des préjugés d'éducation, l'austérité naturelle de mes principes, la fatale pudibonderie dont j'ai tant souffert, tout s'oppose à ce que je vous décrive, par le menu, la collation amoureuse que prirent ensemble madame Péconstat et Landry, la nappe à peine mise — j'entends celle où ce sont ses propres jambons qu'on étend. Hors-d'œuvre variés, deux entrées. Mettons qu'on en fût au rôti, durant qu'un grand dessert de baisers se dressait sur les lèvres, quand le repas fut subitement interrompu, comme dans la fable de La Fontaine. Le méchant bruit de la porte d'en bas grondant sur ses gonds mit, aux oreilles des amants, non pas une puce, mais un véritable éléphant. Le notaire avait seul la clef de cette porte. C'est donc qu'il rentrait au moment où on l'attendait si peu. Avait-il oublié quelque chose? Etait-il pris de quelque mal subit! Le même péril était dans cette fatalité. Landry, qui ne manquait ni de résolution ni de courage, s'élança du lit, décidé à sauter par la fenêtre, pour ne pas compromettre sa maîtresse. Mais voyez un peu la malechance! Ce que le notaire avait oublié, c'était précisément les fameux hameçons à double crochet qu'il avait trop bien serrés sous l'oreiller. Or, voici que, sans doute, dans l'éparpillement des linges du lit et le désordre dont les ébats amoureux du couple adultère l'avaient rempli, les redoutables engins étaient descendus sur les draps, en dedans. De ses dents jumelles à la morsure irrétractile l'un d'eux avait accroché la chemise du malheureux Landry à celle de madame Péconstat. Si bien que, dans l'effort désespéré que fit celui-ci en bondissant de la couche, il emporta la chemise de sa maîtresse avec la sienne et laissa celle-ci nue — non pas comme un ver, fi! le vilain mot! — mais comme une antique déesse descendue de la splendeur des Olympes anciens. Il n'eut pas plutôt enjambé la croisée que madame Péconstat s'élança derrière lui pour la refermer avant l'arrivée de son époux. L'extrémité du pan de sa chemise, à elle, faisant toujours suite à celle de Landry, se prit dans ce mouvement et le pauvre clerc demeura suspendu au dehors, comme ces perches que, dans le grand fourmillement de poissons d'un remou, les pêcheurs attrapent quelquefois par le dos.

Durant qu'il s'agitait ainsi, redoutant que quelque passant le vît dans ce ridicule état, M. Péconstat était entré dans sa chambre, et fouillait nerveusement sous l'oreiller que sa femme avait remis rapidement en place. Madame Péconstat faisait semblant de dormir. Tout en maugréant, le pêcheur admira la pudeur exquise de sa femme qui attendait qu'il fût levé pour se mettre ainsi tout à son aise. Ses recherches ayant été inutiles, il sortit sur la pointe des pieds en se disant qu'il avait, sans doute, perdu le précieux objet en route et qu'il pêcherait un brochet une autre fois. L'infortuné Landry dut recroqueviller, sous son séant, ses jambes quand le mari franchit la porte. Mais Péconstat était tout à la pêche et ne se retourna pas pour le voir.

Un instant après, madame Péconstat, en allant regarder à la fenêtre, aperçut l'énorme poisson qui s'agitait encore et fut prise d'un tel accès de fou rire qu'elle laissa le pauvre Landry cinq minutes, au moins, encore, sans le décrocher. Grâce à elle, il put remonter par où il était descendu et reprendre le cours interrompu de ses nautiques amusements. Et voilà comment, à cette dernière ouverture, tandis que son mari ne prit aucun brochet, ce fut madame Péconstat qui fit la meilleure pêche. Car il n'est friture ni matelotte qui vaille une franche lippée de baisers, dans un lit discret, à l'heure où courent encore, dans le balancement des joncs qui les déchirent, les vapeurs argentées du matin!

LE MOUCHOIR

LE MOUCHOIR

I

Seize ans; pas tout à fait encore, quinze ans et demi. Elle avait la saveur de beauté particulière aux adolescentes que consume un feu intérieur. — Phèdre avant la venue de Thésée. — Je me la serais, du moins, imaginée ainsi, grande plutôt que petite, très brune avec des yeux noirs pailletés dans le profond de la prunelle seulement. Le teint ambré avec des chaleurs mystérieuses de ton; une grande câlinerie dans la grâce encore un peu maladroite de toute sa personne ; quelque chose de robuste toutefois dans cette gracilité. On y sentait comme une rose qui s'épanouira, très large, du bouton qui l'enserre encore, une fleur superbe qui ne demande qu'à jaillir. Rien n'était troublant comme sa façon de regarder les hommes, une façon naïve et impudique à la fois ; un regard qui leur courait de bas en haut, mettant longtemps à arriver au visage. Quelque chose de mystique et de passionné tou ensemble dans le complaisant coup d'œil.

— Il faudra marier Hortense, le plus tôt que nous pourrons, avait dit madame de Pagamimi, sa mère, à son imbécile d'époux.

— Oui ; mais pas à un marin, avait répondu celui-ci. Notre autre fille Amélie est trop malheureuse. Voilà deux ans qu'elle n'a vu son mari.

— S'il vous ressemble, mon ami, il n'y a pas pour elle grand dommage !

Tandis que ces braves gens, — j'entends le père et la mère d'Hortense, — devisaient ainsi souvent, une grande langueur s'emparait de la jeune fille. Sa sœur Amélie, qui était rentrée dans la maison paternelle, en attendant le retour du nautonier, l'avait remarqué comme tout le monde. Le matin, surtout, Hortense faisait peine à voir. Sa pâleur était mélancoliquement liliale et ses traits si fins étaient encore comme affinés par une lassitude secrète. Un cercle d'azur, qui lui descendait jusque sur les joues, entourait ses yeux dont les flammes étaient comme amorties. On eût dit qu'ils avaient baigné dans une eau d'orage où le ciel sombre s'est reflété. Tout indiquait en elle une nuit d'insomnie et troublée par de pernicieux rêves, inutilement voluptueuse et secouée de vains désirs. Sa santé souffrait visiblement de ces luttes obscures avec le mauvais ange. Que faisait donc, durant ce temps-là, dans la candeur de ses rideaux s'ouvrant, comme des ailes blanches, sur son lit de vierge, son ange gardien ? Car mademoiselle Hortense de Pagamimi avait été élevée dans d'austères et religieux principes, et jamais ne se serait-elle couchée sans dire sa prière. Mais il paraît que la vierge Marie, mère de toutes les puretés, ne l'écoutait guère ! Sa grand'tante, la douairière de Kuhn-Avran, avait coutume de dire qu'elle était possédée et qu'un bon exorcisme, comme au vieux temps, aurait seul raison de cet état.

— Il faut absolument consulter un médecin, dit à son mari madame de Pagamimi fort inquiète.

II

Le docteur Trousse-Cadet, un vieil ami de la famille, était dans son jardin quand on le vint prévenir. Très affectueusement, il s'enquit du cas d'Hortense qu'il n'avait pas vue depuis dix ans, l'excellent homme ne consultant plus guère que pour ses anciennes connaissances et vivant très retiré à la campagne. Il écouta avec une attention aimable. Son inquiétude parut s'accroître quand, interrogeant, sur les goûts de la jeune fille, on lui apprit qu'elle avait un goût désordonné pour la musique et possédait, comme pianiste, un doigté d'une subtilité merveilleuse. Quand madame de Pagamimi, qui s'était bien gardée d'amener sa fille, eut terminé :

— Il faudrait certainement, fit l'homme de science, trouver quelque remède qui réfrénât les caprices d'imagination de la malade, au moins durant la nuit. La médecine possède certaines substances jouissant de cette propriété calmante, lesquelles agissent à la fois sur l'esprit et sur les sens. Le camphre, par exemple...

— Ma fille n'en peut supporter l'odeur ! s'écria douloureusement la mère inquiète.

— Hippocrate parle également du nénuphar, dont le parfum est insensible et plutôt agréable dans sa légèreté, continua le vieux praticien. Mais je ne l'ai jamais expérimenté. Laissez-moi deux jours pour faire quelque essai, et, s'il est concluant, je composerai pour notre chère Hortense un petit élixir que nous lui pourrons faire respirer, sans qu'elle s'en doute seulement.

Les parents remercièrent vivement le docteur en prenant congé de lui.

Et, fidèle à sa parole, M. Trousse-Cadet, dès l'aube suivante, s'était mis en quête des vertueuses fleurs dont il devait tenter l'effet. Les martins-pêcheurs avaient fui, gouttes d'émeraude jetées dans l'air, vivantes pierreries ailées, scandalisés en le voyant, sur l'étang toujours calme à cette heure, faucher les nénuphars dont les grands yeux d'or continuaient à regarder, impassibles, le ciel. On eût dit que l'eau était devenue aveugle, ayant perdu ces vagues et innombrables prunelles. Car le docteur fit une botte énorme, cassant également les grands joncs sur son passage, sans pitié de toutes les choses exquises qui mouraient sous un sanglot du vent matinal.

Le vieux gredin travailla tout le jour, dans une façon de laboratoire où, le long des murailles, de grands papillons, piqués vivants sur du liège, balançaient encore, avec un mouvement de pendule qui s'arrête, leurs ailes désespérées.

Dès le lendemain, il arrivait chez M. Paganimi, une petite fiole dans la ridicule poche de son paletot noisette et qui lui donnait l'air de l'infortuné Germeuil.

Quand il fut seul avec monsieur et madame :

— J'ai réussi, leur dit-il, au-delà de toutes mes espérances, et Hippocrate avait cent fois raison. Le nénuphar est un anti-aphrodisiaque, comme nous disons, d'un foudroyant pouvoir.

— Vous avez fait une expérience, docteur ?

— La plus simple du monde et la plus concluante aussi. J'ai une chatte amoureuse à l'excès, en ce moment, une véritable Messaline dans son espèce. Eh bien, je lui ai fait respirer tout bêtement, durant un instant, la liqueur que j'avais obtenue. Justement un angora superbe passait, quelques minutes après, dans mon jardin. En toute autre circonstance, elle l'eût appelé avec des miauleries et la queue haute comme un plumet de grenadier.

— Et elle ne bougea pas ?

— Mieux que cela. Folle de colère à l'idée que ce chat malappris en voulait, sans doute, à sa vertu, elle s'est précipitée sur lui et lui a flanqué une tripotée effroyable. Grâce à mon nectar, Messaline était devenue Lucrèce.

— Je ne voudrais pas, cependant, objecta timidement madame Pagamimi, que ma fille ne pût plus rencontrer un homme sans le griffer et lui mordre le nez.

— Soyez donc tranquille, reprit avec conviction M. Trousse-Cadet. Nous ferons opérer le remède quand mademoiselle Hortense sera seule et la nuit seulement. Porte-t-elle un bonnet de nuit?

— Quelle horreur! Vous n'avez donc pas vu les admirables cheveux de ma fille?

— Met-elle un mouchoir, en se couchant, sous son oreiller?

— C'est une habitude que je lui ai donnée, en effet. Ou, plutôt, tous les soirs, Gertrude, sa camériste, en place un elle-même, à l'endroit que vous avez dit.

— C'est à merveille.

Le docteur dîna, cette soirée-là, chez les Pagamimi, et ce fut lui-même qui, dans le mouchoir posé sous l'oreiller aux bordures de dentelles d'Hortense, traîtreusement laissa tomber quelques gouttes de l'élixir anti-cocuaire et virginophile qu'il avait inventé.

III

Languissamment, après un bonsoir mélancolique aux étoiles qui lui souriaient par la croisée, Hortense s'allait mettre au lit. Certainement, Agar n'était pas plus triste en entrant dans le désert. On eût dit que la blancheur des draps lui apparaissait comme le sable mouvant d'un Sahara et elle semblait hésiter à pénétrer toute seule dans ce temple sans Dieu, où elle avait si souvent attendu un mystérieux Messie. Et lentement, très lentement, elle se déshabillait, les regards vagues et comme cherchant d'autres regards où se reposer. Ses épaules étaient nues déjà, anguleuses encore un peu, mais d'un dessin si noble et baignées d'un si beau frisson de lumière. Ses jupes étaient abattues de ses hanches, des hanches encore mal remplies mais pareilles aux larges voiles dont le vent gonflera bientôt la blancheur. Et elle était charmante ainsi, je vous l'assure, dans ce demi-épanouissement de ce qui serait une splendide femme quand le baiser, descendu du ciel des lèvres, y aurait mis un peu de soleil.

D'une rêverie vague et de la contemplation morose de ses charmes dans une grâce anxieuse, elle s'éveilla, tout à coup, comme d'un sommeil, en entendant une grande rumeur dans la maison. Un instant après, sa sœur Amélie se précipitait dans sa chambre et tombait dans ses bras :

— Marcel, disait-elle, Marcel est ici! Il vient de revenir. Il est en bas.

Marcel était son mari ; le marin qu'on n'avait pas vu depuis deux ans, l'adoré à qui on pensait sans cesse.

Hortense, qui était très bonne, partagea sa joie et lui rendit follement son étreinte.

Et Amélie reprit d'une voix doucement brisée :

— Regarde si je suis bête, ma petite sœur ! Voilà que je pleure de joie maintenant!

Et, en effet, de grosses larmes lui coulaient sur les joues, tandis que des sanglots de bonheur soulevaient son aimable gorge de trentenaire.

Pour lui essuyer les yeux, Hortense chercha un mouchoir bien vite et prit celui qu'elle savait trouver sous son oreiller. Amélie s'en épongea tant bien que mal, et souriant sans cesser de pleurer.

— Ma foi, tant pis! fit une grosse et sympathique voix, à la porte. Si la petite sœur est en chemise, tant pis! Il faut que je l'embrasse!

Et le marin, entrant comme la foudre, prit Hortense dans ses bras, Hortense qui se tordit, comme une couleuvre sous son long baiser, et qui sembla près de se trouver mal.

Une scène de famille absolument touchante eut lieu ensuite.

Touché des larmes de bonheur de sa femme, le mari se prit à pleurer lui-même, et arrachant à Amélie le mouchoir où ces pleurs précieux étaient tombés, il y enfouit son nez et ses lèvres, en buvant l'odeur, en baisant le tissu, en mordant la dentelle.

Puis, dans la confusion des adieux, il l'emporta par mégarde, et le glissa sous le traversin du lit où il allait, plus efficacement encore, témoigner à sa femme les joies impatientes du retour.

Sic vos non vobis! L'essence de nénuphar n'avait cependant pas été préparée pour lui.

IV

Faut-il croire qu'Hippocrate avait raison!

Tout semblait, le lendemain, indiquer le contraire... Pour M. et madame Pagamimi, au moins, qui ignoraient la substitution.

Mais, pour nous, il est certain que le correspondant désintéressé d'Artaxercès ne s'était pas trompé sur la vertu déprimante du nénuphar, ami des eaux.

En effet, Marcel et sa femme, prodigieusement mélancoliques, se regardèrent, tout le jour, avec un air mystérieux de reproche et de désillusion. Par contre, jamais Hortense n'avait paru aussi parfaitement ravagée par le repos menteur de la nuit. Elle était couleur de neige et les yeux lui descendaient jusqu'au coin des lèvres. Le remède avait-il opéré à rebours? Trousse-Cadet s'était-il trompé? Hippocrate avait-il écrit le contraire? D'une anxiété folle, M. et madame Pagamimi envoyèrent quérir à nouveau le savant.

Celui-ci ne se troubla nullement, en écoutant et en voyant.

— J'ai tout lieu de croire, en effet, dit-il avec beaucoup de solennité, que tout cela est une pure légende et que la renommée du nénuphar est absolument usurpée.

— Mais votre expérience sur la chatte! s'écria M. Pagamimi.

— Eh bien! vérification faite, elle ne signifiait rien du tout. J'ai appris, en effet, que le matou à qui

Messaline avait fait si mauvais accueil, était un faux matou, un chat de sérail, un angora du collège Fulbert. Or, vous savez que les sultanes des toits ne rencontrent jamais ces malheureux minets sans leur reprocher, à coups de griffes et de dents, ce qui leur manque. Au demeurant, c'est évidemment un mari qu'il faut à mademoiselle votre fille.

— Oui, maman ! Mais pas comme celui-là, fit ingénument Hortense, qui avait tout entendu.

Rassurez-vous ; Hortense est mariée aujourd'hui. Son mari est même cocu, ce qui, après tout, vaut encore mieux que d'être autre chose.

LE TOUAREG

LE TOUAREG

I

C'était dans ce merveilleux coin d'Orient que les ombres étonnées de Louis XIV et de Napoléon, assises mélancoliquement, chaque nuit, dans l'ombre du dôme des Invalides, regardent, croyant à quelque rêve d'un Mahomet nouveau abolissant les mémoires conquérantes de Charlemagne et de César, muettes sous la fantastique clarté des inventions nouvelles qui allument dans Paris des constellations. C'était dans le plus somptueux de ces cafés maures où, au son chevrotant des violes à deux cordes et d'une clarinette suraiguë, les danseuses du ventre roulent et déroulent, autour de leur nombril immobile, le remous rythmique de leurs flancs, semblant avoir avalé une vague que secoue encore le souvenir des flux et des reflux, au chant nasillard des nègres berçant cette abdominale mélopée, dans une vapeur de café et de cigarettes blondes, spectacles où la pensée s'endort, où les yeux cessent de chercher dans l'espace. Une négresse qu'on aurait malaisément assise sur la croûte décapitée du Panthéon, horrible et n'ayant que cette hottentote beauté de ne se pouvoir asseoir que sur un trône sans bras, venait d'exécuter un pas comique avec une écharpe de gaze où elle feignait en vain de vouloir emprisonner ce colossal papillon. La charmante Kabyle Aïssa, coiffée d'une mitre comme Hérodiade ou comme Salammbô, avec un grand pli d'hyacinthe descendant de sa coiffure d'où ses cheveux sortaient, par deux touffes égales, noires comme les ailes d'un corbeau, exécutait ce pas merveilleux du sabre, héroïque et guerrier, fait d'éclairs qui devaient se fondre en gouttes de sang, voluptueux et cruel, et qu'elle termine, en appuyant sur sa propre poitrine d'enfant, à peine mamelonnée, les pointes des deux poignards longs et recourbés qui luisent comme de méchants sourires. A part quelques imbéciles qui gouaillaient, le public tout entier, était pris à cette danse étrange, à cette pyrrhique sauvage dont les appels furieux d'un clairon de corne et une rumeur de fusillade lointaine secouent la fureur, un cheval invisible semblant enlever la possédée et l'emporter au désert dans un grand souffle de sable et de vent.

L'aimable comtesse de Castel-Mouché prenait un plaisir infini à cette émouvante scène, en compagnie du jeune et plantureux Vessaride qui passait, dans le monde pour son amoureux. Car madame de Castel-Mouché appartenait encore au monde où tout un chacun savait qu'elle avait été mariée, ce qui suffit à couvrir une femme d'une indélébile honorabilité à laquelle aspireraient inutilement les pauvres bourgeoises ayant infiniment plus de vertu. Charmante, d'ailleurs, la comtesse, copieuse de formes et abondante d'esprit, *mens sana in corpore sano*, aimant le plaisir et aimée du plaisir qui la trouvait toujours prête. Quant à Vessaride, c'était un avocat de Béziers tout frais émoulu encore de ses études chicanières, venu à Paris pour y faire son chemin dans la politique, et y venant mettre ses influences locales au service des gens puissants — un petit cousin de Numa Roumestan, — un de ces conquérants qui se nomment légion aujourd'hui, et qui nous viennent du pays des figues et des olives, les maîtres de la France aujourd'hui, si messieurs les juifs n'y mettaient bon ordre. O! pauvre sang de Vercingétorix! Bon garçon, bruyant, gai compagnon, ayant plu, par cela, à la comtesse, et un bon diable de maître, après tout, puisqu'il nous en faut, décidément.

La danse d'Aïssa ne le ravissait d'ailleurs pas moins que sa compagne.

II

Le pas du sabre allait prendre fin dans un salut désespéré, quand une sorte de grand fantôme blanc, la nuque nouée d'une étoffe rouge, mais portant une sorte de cagoule en gaze noire qui dissimulait absolument ses traits, entra dans le sculptural drapement de ses burnous. C'était un de ces Touaregs qui ne quittent guère la bordure brûlante du Sahara et qui ne doivent jamais montrer à un Roumi leur face. Un autre, tout pareil, le suivait, et cette double apparition dont les spectateurs avaient été un moment impressionnés, n'avait nullement ému les artistes du concert. Il paraît, qu'en effet, ils y venaient tous les soirs et en étaient les hôtes ordinaires. C'est d'ailleurs vers l'estrade qu'ils se dirigèrent, pour se rapprocher, le plus possible, des autres exilés du soleil. L'effet de leur entrée était donc bien amorti déjà, quand un troisième spectre, vêtu de la même façon, pénétra à son tour sous la tente, excitant cette fois, parmi les employés eux-mêmes de la case qui le voyaient pour la première fois, un vif étonnement.

Vessaride et la comtesse avaient eu déjà le temps de s'édifier sur l'état civil des deux précédents. Un garçon s'en était obligeamment chargé. Madame de Castel-Mouché avait immédiatement aperçu sous un repli de la gaze qui formait le capuchon monastique de l'un d'eux, une longue paire de ciseaux enfermée dans un étui, et qui lui pendait au cou.

— Qu'est cela ? avait-elle demandé.

Le garçon avait rougi sans répondre, mais un voisin, qui était érudit et complaisant tout ensemble, lui avait répondu avec infiniment de soin dans le choix des mots :

— Madame, c'est un petit baptistère portatif que le curé musulman a toujours sur lui, au cas où quelque enfant de sa religion menacerait de mourir sans avoir reçu le précieux sacrement, qui s'octroye, chez eux, ailleurs que sur la tête.

— Br, br, br, br. ?... n'avait pu s'empêcher de faire Vessaride à qui l'aventure d'Abailard avait toujours donné des cauchemars particuliers.

— Ah ! mon Dieu ! fit la comtesse en montrant du doigt la charmante Aïssa qui, sur l'estrade, était en train de s'évanouir.

Et la délicieuse Kabile, en effet, ayant laissé tomber ses poignards, semblait presque inanimée. On l'emporta bien vite, dans une façon de pièce servant de coulisse, et la représentation continua. Mais la comtesse était incapable de ne pas venir en aide à une femme dans cet état. Ayant soudoyé un jeune Arabe, qui ne demandait que cela, elle pénétra dans le gynécée oriental où la malade était secourue, et dont la porte s'était vivement refermée sur le nez de Vessaride, qui avait voulu vainement la suivre.

Aïssa parlait quelque peu français.

A madame de Castel-Mouché elle put expliquer clairement que, dans le troisième Touareg entré à l'improviste, elle avait cru reconnaître son mari qu'elle avait campé là, à un angle du désert, pour suivre des comédiens.

Ce sont confidences d'ailleurs si naturelles aux femmes qu'elles les comprennent dans toutes les langues. La gravité du cas épouvanta la comtesse et une immense pitié la prit pour la jolie coupable. Victime du mariage ! comme elle, peut-être ? Voyez donc ! Une résolution héroïque lui vint à l'esprit. Elle soudoya le régisseur, jeta autour des épaules de la jeune femme tremblante sa longue pelisse de soie, à elle, et l'embrassant comme une sœur :

— Venez dans mon hôtel ! ma pauvre enfant ! lui dit-elle. Vous y serez en sûreté contre ce misérable.

Et un instant après, Vessaride, toujours au concert, recevait avis de faire demander la voiture où les deux femmes se blottissaient en riant et en jacassant déjà, comme deux amies, sous sa garde, à lui qui ne comprenait rien encore à tout cela. A un angle de rue, les deux femmes se retirèrent brusquement jusqu'au fond de la capote. Était-ce une hallucination ? Elles avaient cru voir un cavalier arabe qui les filait, en prenant, brides abattues, le même chemin.

A l'arrivée devant la grille de l'hôtel coquet, en plein Champs-Élysées, Vessaride était enfin au courant de la situation et donnait, à Aïssa rassurée, une consultation sur l'instance en divorce qu'elle pourrait intenter, devant le tribunal français, à son mari.

III

Une demi-heure après environ, Vessaride attendait en se déshabillant congruement, dans la chambre à coucher de la comtesse, que sa maîtresse vînt le rejoindre. Celle-ci avait été installer sa nouvelle amie dans une autre pièce d'un luxe également parisien, et, dans ce décor d'une modernité tout européenne, prenait-elle un plaisir d'artiste, délicat et ingénieux à la fois, à disperser les toilettes africaines de la coquette Aïssa. Aussi, en défaisait-elle les pièces, une à une, avec une lenteur calculée, admirant au passage, les jolis coins de nu qui sortaient, un à un aussi, des étoffes brochées d'or. Les bras d'un dessin exquis sous leur tatouage d'un bleu clair; les épaules aux frissons d'ambre; puis, plus bas, les flancs où couraient des luisants comme des clairs de lune; puis plus bas... Ouf! Ah? les délicieuses chevilles de bronze clair qu'avait cette petite Aïssa.

Bah! on se connaissait bien assez pour être un peu confiantes. Un secret en vaut un autre; surtout ceux de cette nature-là. Aïssa était curieuse. Pour la remercier de sa complaisance au déshabillé, la comtesse lui laissa voir aussi quelque chose. Elle abaissa légèrement son corsage au-dessous de la gorge; elle releva à peine ses jupes jusqu'au haut des cuisses. Ce fut un poème de marbre succédant à un poème de bronze : un tableau de neige après un tableau de nuit; une symphonie en blanc ma-

4.

jeur après cette cantate sombre. On se trouva fort belles de part et d'autres. Oh! bien innocemment. N'allez pas croire, au moins, des bêtises! je n'en raconte jamais. Elles poussaient de petits cris d'enthousiasme et s'amusaient comme des enfants.

Pendant ce temps, le doux Vessaride retirait tranquillement sa culotte.

Quand il releva la tête après cette Dagoberesque occupation, il devint blême comme un mort. Un spectre était devant lui, sous sa cagoule de gaze noire, un des Touaregs, le plus grand peut-être, formidable et immobile comme la statue de Commandeur.

On eût pu brosser des dents ou un habit avec les cheveux de Vessaride.

Le Touareg lentement entr'ouvrit son long vêtement et tirant, de leur étui, les ciseaux qui y étaient pendus, de longs ciseaux très luisants, les prit dans sa main droite et se mit à les ouvrir et à les fermer rythmiquement, comme pour bien aiguiser les deux lames l'une contre l'autre. Aucun autre bruit, d'ailleurs, que ce formidable bruit d'acier.

Vessaride avait beau être de Béziers. Il vous eut une de ces frousses! D'un grain de chénevis il eut fait un baril d'huile, comme on dit dans le pays, en le mettant toutefois dans le moulin qu'il faut.

Et le donneur de sacrements avançait en continuant, avec le double fer, sa petite musique.

Tout en serrant les deux genoux, Vessaride se leva, frémissant, et lui dit :

— Monsieur le Touareg, au nom des contrats internationaux et sacrés entre les peuples, je vous jure que ce n'est pas moi qui ai enlevé votre femme !

Un éclat de rire sortit de dessous la cagoule. Celle-ci tomba et un visage apparut aux yeux écarquillés de Vessaride, qui n'était pas du tout celui d'un Bédouin, mais d'un compatriote un peu ravagé, une figure de viveur robuste mais usé, avec deux moustaches en crocs de mousquetaire.

— Voulez-vous me permettre de m'asseoir, monsieur Vessaride, fit courtoisement l'inconnu, en s'installant dans un fauteuil.

Et il ajouta d'une voix radoucie et bonne enfant :

— D'autant plus que je suis chez moi.

L'avocat bitterrois se demandait s'il n'était pas le jouet d'un songe.

IV

— Monsieur le comte de Castel-Mouché, continua, avec infiniment d'aisance, le faux Touareg. Il y a plus de quinze ans, mon cher Vessaride — on peut bien s'appeler ainsi, au point où nous en sommes, — que j'ai quitté la femme qui fait vos délices aujourd'hui, mais qui est restée la mienne.

— Permettez, fit Vessaride inquiet. L'absence...

— Je sais mon code comme vous, compagnon. Le divorce a-t-il été prononcé ? Non ! Donc madame la comtesse de Castel-Mouché est toujours madame la comtesse de Castel-Mouché. Vous pataugez affreusement dans l'adultère, mon pauvre garçon !

— Au fait, monsieur ! fit l'avocat en recouvrant

le toupet professionnel. Je suis à vos ordres, mais je ne me bats pas au sécateur.

— Moi, non plus ! répliqua narquoisement le gentilhomme.

Et il vint au fait avec une précision désespérante pour la bourse de Vessaride et pour sa propre moralité. Ah ! c'était infiniment simple. Le comte, ruiné, un peu déshonoré, déjà s'était embarqué sur les galères royales, comme les bonnes gens de Molière. Il s'était fait Musulman par delà les Méditerranées, et avait couru les aventures avec les mauvais garçons du désert. Il n'en était pas plus riche, mais il en était plus las. Il avait profité de l'Exposition pour venir, à bon compte, à Paris, et y pincer l'amant que sa femme aurait certainement. Il regrettait vivement que cela fût tombé sur Vessaride, qui lui était personnellement très sympathique ; mais il ne se retirerait pas néanmoins, sans une centaine de mille francs, en bonnes valeurs garanties par une signature de poids, comme la sienne à lui, Vessaride, laquelle valait de l'or chez tous les banquiers du Biterrois. Il ne rabattrait pas un sou de cette prétention, et userait, au cas où elle serait méconnue, des droits les plus extrêmes que donne la loi à un mari outragé.

L'époux indélicat termina ce petit discours en tendant très poliment à l'avocat un papier timbré qui tenait également dans l'étui de ses ciseaux.

— Misérable ! grommela Vessaride.

— Dites, si cela vous soulage, mon ami, continua affectueusement le renégat, mais signez.

Il n'y avait pas à hésiter. Ils étaient tous les deux

dans la chambre de madame de Castel-Mouché et cet homme était M. de Castel-Mouché lui-même. Quant à lui, Vessaride, il était sans armes ; il n'avait même pas son pantalon ! Il mourrait à la débraillée, ridiculement.

Il signa.

A ce moment entra la comtesse, tenant, par la main, Aïssa en longue chemise de nuit brodée.

— Regarde donc comme elle est jolie, fit-elle étourdiment à Vessaride.

Mais elle poussa un cri de terreur en apercevant son mari.

— Rassurez-vous, madame, lui dit galamment celui-ci. Je vais me retirer dans un instant. Vous êtes avec un homme vraiment charmant et que je suis enchanté de connaître.

Puis, avec des yeux de noceur qui se réveille, guignant la délicieuse frimousse de la petite Kabyle :

— Mon enfant, j'ai sur moi, lui dit-il, d'excellents effets de commerce dont je vous céderai volontiers une partie pour vous acheter des bijoux.

— J'ai justement un oncle banquier à Biskra, répondit avec un sourire enchanté la jolie musulmane.

Et ils partirent tranquillement ensemble, après qu'elle eût remercié avec effusion la comtesse.

Sans dire un seul mot, celle-ci prit place dans le lit, à côté de Vessaride, et ce fut deux gros soupirs qu'ils échangèrent d'abord, sous le tremblement léger des rideaux.

RUSTICANA

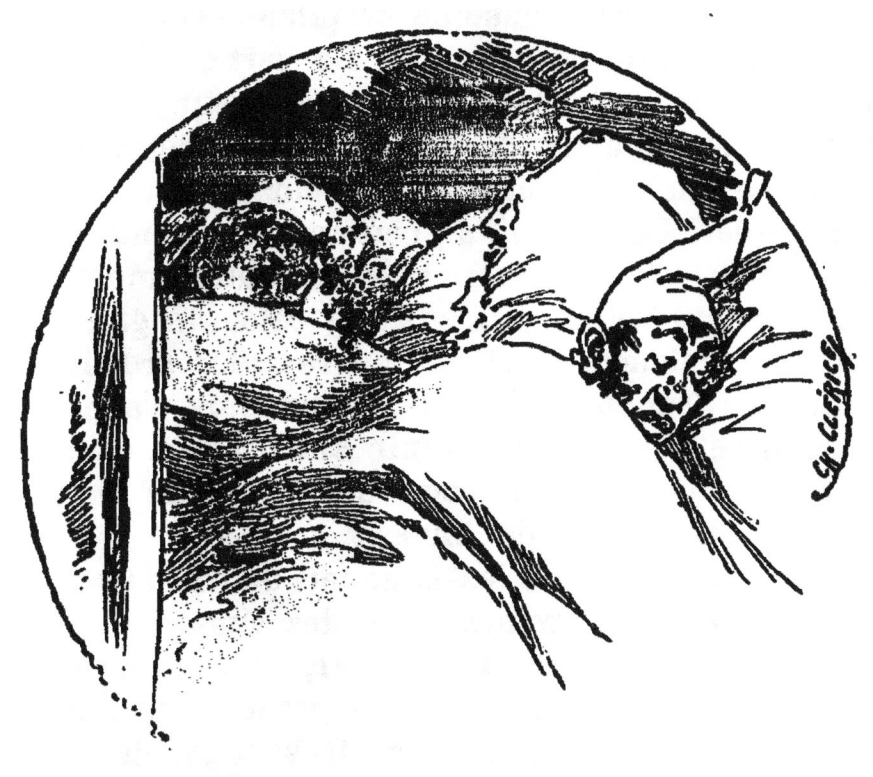

RUSTICANA

I

Six heures en automne, après une journée tiède traversée par des menaces d'orage. Le ciel limpide et d'un azur très fin au zénith ; mais, à l'horizon, une lourde nuée violette frangée de carmin, avec de petites pourpres enfumées courant au-dessus. Un frisson de vent agitant, comme des grelots de feuilles mortes, des deux côtés de la route poudreuse, sur les hautes branches où s'abattent les moineaux avec une musique crépitante comme le bruit d'une friture en plein air. De part et d'autre du chemin un embroussaillement de menus branchages roussis où les dernières mûres mettaient comme un éclaboussement d'encre sur une enluminure dorée. Des vapeurs courant au lointain, vagues comme les suprêmes haleines d'un immense encensoir qui s'éteint ; et, sur tout cela, un grand souffle de mélancolie, et les cuivres plus ardents du couchant sonnant, silencieux chasseurs, l'appel des frimas et des neiges à venir amoncelées, troupeau monstrueux, au-dessous des bords du ciel, sous le fouet invisible de l'hiver.

On devinait, derrière les bouquets de frondaison jaunie, les derniers rendez-vous des amoureux et la tristesse de ne plus se rencontrer, tous les soirs, comme par hasard, sur un lit de gazon frais tout émaillé de marguerites blanches. Ils sont passés les temps délicieux où la Nature tout entière était comme un tabernacle aux mystérieuses tendresses, quand la lune se levait blanche comme une hostie, dans le grand cantique aérien où se berçaient les premières étoiles, tremblantes comme si la draperie d'azur sombre qu'elles tiennent clouée au firmament était elle-même gonflée de soupirs et s'allait mettre à palpiter, comme une voile, dans les étendues. Adieu les aveux murmurés au bord des sources où se baisaient aussi deux images avec des lèvres pleines de frémissements ! Adieu les serments échangés sur les bancs rongés de mousse, sous l'enlacement des lierres pris à témoin des immortelles fidélités ! Adieu les embrassements silencieux, le long des troncs où l'on s'appuie, les genoux entre les genoux, buvant l'haleine l'un de l'autre, ou la bouche sur le foisonnement parfumé des cheveux jaillissant de la nuque! Les vieux vous garderont au coin de l'âtre qui flambe, rustiques amants, séparés par quelques brassées de neiges, et vous conteront des histoires embêtantes, mais à leur propre gloire, où tout le monde sera vilipendé, excepté eux.

Six heures sonnant au clocher qu'enveloppait un vol circulaire de corneilles tendant des cerceaux de nue blanche à la course des derniers rayons du soleil. Au pied de la montée, le charretier Guillaume s'arrêta pour laisser souffler son cheval avant l'effort que lui gardait l'escarpement du terrain. Un brave garçon, ce Guillaume, un tantinet cupide, comme tous les paysans; mais ayant cette excuse que lui aussi était amoureux et amassait péniblement une façon de dot pour les futures épousailles. Madeleine était si jolie, avec son jupon court qui semblait une tulipe rouge renversée! Pour gagner un peu plus, notre galant avait chargé son tombereau outre mesure de pierres blanches qu'il devait amener tout en haut, là ou un imbécile jouait au hobereau, en bâtissant un castel dans le goût de la Renaissance, une de ces caricatures grotesques des architectures d'antan qu'on aperçoit sur la colline, quand un train vous emporte.

La bête respira largement, deux fusées de vapeur aux naseaux, et l'homme s'essuya lentement le front du revers de sa manche en pensant à sa bonne amie.

II

Il fallait cependant arriver avant la nuit pour décharger la charrette.

— Hue! fit vigoureusement Guillaume en abaissant son fouet sur son cheval, sans le toucher cependant. L'animal tendit ses jarrets que le repos avait engourdis, mais il semblait que la charge fût plus accablante encore; car, après quelques vigoureux coups de collier qui ébranlèrent à peine le pesant véhicule, il sembla renacler et s'appuya sur le brancard, sans tirer.

— Hue! reprit le charretier en accentuant la volée de son perpignan qui traça une traînée dans le poil fumant de l'échine. Nouveaux efforts du cheval, mais qui firent avancer à peine la charrette de quelques pas où ses lourdes roues s'empêtrèrent dans le sol effondré. Guillaume commença à jurer.

Une maison était tout au bord du chemin, derrière un jardinet où les dahlias étalaient leurs collerettes de mignons, fleurs sans parfum, c'est-à-dire sans âme. Un brave homme fumait sa pipe devant l'huis, tandis qu'on apercevait passer, derrière la cuisine ouverte, une ménagère appétissante et dodue, qui mettait le couvert en chantant, accompagnée par la musique furieuse d'un canaris dont la cage pendait à la muraille, sous un effilochement de volubilis défleuris.

— Holà! camarade! un coup de main! clama le charretier.

Le brave homme, qui s'appelait Anselme, se

leva, et, après avoir examiné les choses, en villageois prudent qu'il était :

— Mon garçon, fit-il, tu ne monteras pas sans t'alléger.

— Que je laisse la moitié de mes pierres en route! répondit vivement Guillaume. Eh bien! ce serait du propre. Un coup de poignet à la roue seulement, et nous verrons bien!

Très complaisamment le doux Anselme tendit son bras le long des rayons d'une des roues, tandis que Guillaume s'efforçait de faire tourner l'autre dans l'ornière agrandie. Mais, bien que le cheval se couchât sur les traits, en même temps, le chariot demeura doublement captif du sillon que son poids avait creusé.

— Je te le répète, l'ami! reprit le brave compère, tu ne monteras pas sans t'alléger!

Fort entêté, Guillaume rossa brutalement sa bête, en sacrant et en s'attelant lui-même au brancard.

— Adieu, camarade, je rentre? fit Anselme. J'ai faim et il pleut. Mais tu sais ce que je t'ai dit. Bonne chance!

Il pleuvait, en effet; de larges gouttes qui s'écrasaient dans la poussière, sans bruit; et, comme la nuée violette qui n'était, tout à l'heure, qu'à l'horizon, avait fait un chemin considérable dans le ciel, elle menaçait de crever juste au-dessus du paysage quand quelques éclairs l'auraient déchirée avec un claquement d'étoffe trop tendue.

— Impossible d'aller plus loin! pensa Guillaume affreusement désappointé. Et il alla cogner à la porte, bien vite refermée, de la maisonnette où Anselme venait de rentrer, en tirant les volets de bois vert derrière lui.

— Qu'est-ce que je t'avais dit? lui demanda celui-ci, en lui ouvrant.

— Que je ne monterais pas sans m'alléger. Eh bien, tu avais raison. Maintenant, peux-tu me loger, moi et mon cheval, cette nuit?

— As-tu de l'argent?

— Trois francs. Ils sont à toi.

— Tope! fit le paysan qui, lui aussi, aimait bien l'argent par dessus tout.

— Mais nous n'avons qu'un lit, mon ami, hasarda madame Anselme sur un ton inquiet.

— Que veux-tu, femme! on s'arrangera. Monte un litre de clairet et en avant la gaieté!

Madame Anselme obéit et le litre de clairet fut dégusté sur l'heure. Mais Guillaume manquait d'entrain. Il pensait à Madeleine et qu'il venait de faire une bien mauvaise journée.

III

L'arrangement le plus honnête du monde. Guillaume avait été fourré dans la ruelle du lit, Anselme occupait le milieu, et madame Anselme reposait sur l'autre bord, le dos tourné à ses deux compagnons. Ne croyez pas à quelque salaude histoire de bombardement intestinal comme je n'en ai que trop contées dans ma vie! Foin de cette artillerie familière! Marquise, vous pouvez ouvrir vos narines roses comme les deux ailes frémissantes d'un aérien papillon. Ce sandwich n'avait rien à quoi la morale pût trouver à redire. L'honneur marital y faisait barricade contre les mauvais désirs. Mais que les projets des hommes sont vains quand la fatalité s'en mêle! Quand le ciel a décidé de faire un cocu de plus — et cela lui arrive très souvent — notre sagesse et notre bonne volonté ne peuvent aller à l'encontre. Anselme avait bu trop de vin clairet et il lui fallut se lever sournoisement, pour en déverser le trop plein, hors de la commune couche. Quand il voulut regagner celle-ci, sa femme avait roulé au milieu du lit et, pour ne pas être bougonné en la réveillant, ma foi, il lui laissa sa précédente place et prit la sienne. — L'autre est éreinté et ronfle! pensa-t-il, je n'ai rien à en redouter; et il s'endormit sur cette trompeuse assurance. Personne ne fut coupable ici et c'est le destin seul qui eût mérité la police correctionnelle. Guillaume ronflait, mais il rêvait de Madeleine en même temps, et ce fut l'illusion de Madeleine qu'il serra dans ses bras d'une très adultère façon. Madame Anselme, à moitié endormie et ne se rappelant de rien, crut très sincèrement que c'était son légitime époux qui lui offrait cette très licite chevauchée. Et Anselme, tout au spectacle, qu'il avait vu tout à l'heure du charretier embourbé, revoyait en songe la voiture s'effondrant sous sa charge sur le dos meurtri du cheval abattu, et murmurait une fois encore :

— Mon garçon, qu'est-ce que je t'avais dit?

CONTE INNOCENT

CONTE INNOCENT

I

A E. Laubière.

Que diable, il faut bien écrire quelquefois pour les jeunes filles! Et qui, plus et mieux que moi, est désigné pour l'œuvre méritoire de les distraire? Tout le monde sait que j'écris sur un pétale de lys avec une plume de colombe. Ce sont fastueuses habitudes de gentilhomme campagnard dont je ne me départirai jamais. *Maxima debetur pueris reverencia.* Je ne me désaccoutumerai, non plus, jamais de parler latin, mais ce n'est plus pour vous, mesdemoiselles, bien que vous en ayez appris quelque peu dans vos livres de messe. C'est uniquement pour protester contre l'enseignement de l'allemand et contre la substitution de Gœthe à Virgile dans les études de messieurs vos frères.

Et maintenant que vos jolies oreilles s'entr'ouvrent comme les roses matinales de mon jardin. Il n'y tombera que les chastes rosées du plus honnête récit.

D'abord Antoinette et Thomas étaient mari et femme, ce qui permet, comme on vous l'a fait pressentir, une foule de familiarités charmantes, lesquelles seraient, en dehors du saint hyménée, de pures cochonneries. Attendez donc que vos cousins soient vos époux pour vous les permettre. Maintenant ils étaient charmants l'un et l'autre, ce qui, je dois vous l'avouer, donne, à ces misères affectueuses, un charme particulier, même en dehors des consécrations officielles. Choisissez donc des cousins beaux et bien faits si vous n'avez pas la patience d'attendre le mariage. Mais c'est un véritable cours de morale que je vous fais là.

Bien que leurs nœuds fussent légitimes et qu'ils fussent d'une fréquentation réciproque exquise, Annette et Thomas n'étaient cependant pas complètement heureux, ou, du moins, ne croyaient-ils pas l'être, ce qui est absolument la même chose. Ils étaient pauvres et étaient convaincus que le bonheur est impossible dans l'excessive médiocrité. Je vous vais prêcher le désintéressement maintenant. Il est quelque chose d'infiniment plus essentiel à la félicité que l'abondance des métaux précieux et des pierreries. Maintenant que Rabelais a remplacé Fénelon dans l'éducation de nos fiancées, je puis dire aux plus savantes d'entre vous que ce quelque chose est ce que l'âne de la fable de Pantagruel préférait aux splendides avoines des roussins et nobles chevaux d'apparat. Relisez ce morceau, mes pucelles, et vous y apprendrez ce qui fait, en vérité, la science de la vie. L'apologue que je commence est pour celles d'entre vous qui n'ont pas ce maître des classiques, cet Homère gaulois sous leur blanche main. Apologue? ma foi non! Histoire authentique, bien qu'il s'y mêle un peu de merveilleux, mais immédiatement expliqué par la science, comme tout merveilleux qui se respecte aujourd'hui.

II

Et ceci se passait dans un admirable pays, comme tous nos pays français d'ailleurs, mais à vingt lieues de Paris seulement, mais dans une campagne qu'on eût dit aussi lointaine de la grande ville que les paradisiaques paysages où les pommes mûres tombent encore aux doigts gourmands des Èves nues. Imaginez, à l'infini, des plaines où les coquelicots saignent sous l'œil attendri des bluets, dans un effarement de plantes sauvages violettes et roses que le moindre souffle fait tressaillir; des collines qui sont comme des coulées d'émeraude pâle; des bois fermant l'horizon d'une ceinture veloutée par les brumes; des ruisseaux qui semblent, dans les hautes herbes, des lames d'épée demeurées là après quelque héroïque bataille ; une nature qui semble à la fois rebelle et soumise à l'homme, pleine de moissons nourricières et de délicieux poisons, où la digitale et l'ancolie montent autour des blés triomphants; un panorama de verdure qu'aucun village misérable ne déshonore et qui s'étend jusqu'aux confins du ciel, que l'aurore y flamboie ou que s'y étende la pourpre mélancolique des couchants. Vous trouverez cette vallée magnifique entre Chaumont et Gisors, et je vous conseille d'y aller chercher quelques rêveries dominicales quand la semaine parisienne aura été lourde de labeurs et d'ennui.

De ce pays étaient Annette et Thomas, ou du moins, d'un bourg enfoui dans ce nid profond d'arbres où les corneilles épouvantent, de leur vol pesant, la chanson du rossignol. Thomas était volontiers libre-penseur, mais Annette était demeurée dévote et, comme il l'aimait beaucoup, il ne la tourmentait pas pour un si petit travers. C'est ainsi qu'après avoir haussé les épaules, il ne lui dit pas : non! quand elle lui parla d'aller invoquer je ne sais plus quel saint dont la chapelle est là, blottie sous un dôme de sapins et qui passe pour donner de la fortune aux personnes qui le viennent prier au saint jour de la Pentecôte et font ensuite quelque pénitence à son intention. — Nous irons coucher chez le cousin de Paris, dit-elle, dont le château est tout près de l'ancien ermitage.

Et Thomas se laissa faire d'autant qu'il faisait grand cas de l'hospitalité du cousin de Paris, lequel, bien que fort opulent, n'était pas fier au pauvre monde et venait passer là les meilleurs jours de l'été, dans un ancien rendez-vous de chasse royal fort ingénieusement restauré par lui, une grande maison à l'ancienne, avec de larges pièces donnant, de plain-pied, sur de superbes parterres de roses, vieilles, mais solides murailles où des fleurs en espaliers s'accrochaient dans un enlacement profond. Quand ils frappèrent à la porte de la cour qui n'était qu'un immense gazon émaillé de marguerites, ce fut l'hôte lui-même qui leur vint ouvrir et les embrassa avec un bon sourire à la bouche. Il rit à se tordre quand il apprit qu'ils venaient d'un pèlerinage, Annette ayant encore son chapelet entre les doigts. Il lui tapota les joues avec une gaieté courtoise de vieux garçon et lui pinça même le menton, comme s'il allait l'appeler friponne. Les usages galants des anciens hôtes du domaine, au temps des privautés seigneuriales, lui semblaient imposés par quelque atavisme mystérieux. Et, tout en admirant les exquises rondeurs du corsage de la cousine, il s'en fut commander, pour eux, un bon repas qu'arrosèrent des petits vins tout à fait agréables. Après quoi il les installa dans les meilleures chambres du château, au rez-de-chaussée, et d'où l'on pouvait sauter d'une enjambée dans le jardin, pour y cueillir les fraises matinales qui sont comme de petites lèvres toutes mouillées de baisers.

— Bonsoir! leur fit-il, de sa bonne et rude voix, en refermant sur eux la porte.

III

La matinée avait été lourde et le ciel s'était, de plus en plus, couvert dans l'après-midi. Les nuages gris avaient commencé de se déchirer vers cinq heures, tamisant d'abord une pluie fine mais très drue, puis achevant de s'ouvrir en cataractes pesantes dont les vitres avaient été violemment fouettées. Aussi avait-on fermé les volets pour le repas, et allumé les lampes, comme si on eût été en hiver, et le bruit de l'averse, moins distinct mais obstiné n'avait pas cessé, monotone avec des cinglées de vent qui soufflaient en rafales. Mais on ne s'en était plus guère occupé, durant le dîner qui avait été plein de gaieté, bien que le garde fût venu annoncer mélancoliquement que toutes les couvées de perdreaux étaient flambées pour l'année.

Donc, nos jeunes époux s'étaient couchés dans le large lit, bercés par cette musique d'ondée, et tout d'abord un peu de mauvaise humeur leur était-il venu, sans doute, de l'état orageux de l'air. Eh bien, non! autre avait été la cause de leur querelle. Thomas, qui était véhémentement amoureux de sa femme, avait témoigné des velléités conjugales très avivées par cette journée de campagne et le fortifiant menu du cousin. Et Annette, qui avait coutume d'accueillir ces manifestations légitimes avec une bienveillance marquée, avait fait la sourde oreille, si toutefois c'est à l'oreille que s'adressent ces fantaisies-là. Vous n'en êtes plus là, chères

Agnès pour qui j'écris ! La mâtine n'avait-elle pas prétendu que la continence faisait partie des patenôtres exigées par le saint pour exaucer ses fidèles. Elle n'avait pas envie de perdre le fruit du pèlerinage et une centaine d'*Ave* dont elle était déjà à découvert. Il pouvait bien lui laisser faire sa neuvaine tranquille et ne la point troubler dans sa dévotion par ce branle des cloches qui ne sonnent pas précisément pour la gloire de Dieu. Enfin, s'était-on tourné le dos, très fâché l'un contre l'autre, Annette sur le devant du lit, et Thomas dans la ruelle, sans même se nouer aux chevilles pour savourer la tiédeur affectueuse de la peau l'un de l'autre, et sans opérer la conjonction sidérale si douce quand les deux chemises sont congrûment levées. Vous voyez que c'était une bouderie sérieuse et pleine de réciproque dignité. Et le déluge continuait autour d'eux, au dehors, sans qu'ils y prissent plus d'attention, quand ils s'endormirent l'un et l'autre plus aisément et plus vite qu'ils ne l'auraient fait sans doute sans cette musique assoupissante d'eau qui tombe, régulière et sans rythme.

Le bruit avait cessé quand un éternuement formidable du cousin, dans la chambre au-dessus, réveilla en sursaut Annette. Elle jeta les yeux dans la chambre et un spectacle inouï suspendit son souffle dans sa poitrine. Très distinctement, sur le plancher de la large pièce, courait un roulement de pièces d'or et de pierreries. C'est comme si un trésor s'était ouvert dans la muraille et se répandait sur le sol plein de scintillements s'égrenant par coulées. Le miracle était évident. Le saint l'avait exaucée et elle n'avait qu'à sauter à terre pour s'emplir les mains de richesses, comme on puise la fraîcheur à un torrent. S'élançant du lit, déjà ses deux pieds touchaient le parquet, quand elle les en retira en poussant un cri qui réveilla Thomas à son tour, lequel la rattrapa par le plus charnu de sa délicieuse personne. Jugez donc : c'était l'eau du dehors qui avait fini par s'infiltrer sous la porte et qui avait transformé la chambre en un véritable lac de plusieurs centimètres de profondeur. Sur cet étang, le ciel s'étant subitement rasséréné après la longue ondée, la lune en son plein, par une lucarne du volet, rayonnait, brisant, émiettant sa lumière à la surface, comme dans les mares après l'orage; et c'était ce mirage, ce faux éparpillement de louis et de bijoux que la pauvre Annette avait pris pour son vœu de richesse exaucé. Notez que Thomas, en ouvrant les yeux, dans sa ruelle, avait aperçu aussi l'image de la lune dans une longue glace que le cousin, qui était un malin, avait tendue, de ce côté-là, au-dessus du lit, pour les couples qui aiment le paysage. En se retournant brusquement, au cri poussé par sa femme, c'est une lune qu'il saisit à deux mains. Mais celle-là n'était ni un mirage, ni un faux trésor, ni un mensonge, belle lune en chair avec de vrais éblouissements de clarté vivante. Aussi ne fut-il pas assez bête pour la lâcher. Mais très éloquemment, avec une mimique à laquelle pas une de vous n'eût résisté, mesdemoiselles, il convainquit sa femme que puisque le saint s'était évidemment fiché d'eux, il convenait de le lui rendre en envoyant au diable toutes les pratiques de la neuvaine, à commencer par l'incommode continence. Ce qu'Annette fit sauter ses vœux par-dessus son joli moulin, ce n'est, mes chères sœurs, rien de vous le dire. Jamais ils n'avaient trouvé le mépris de toute pudeur aussi adorable. Et aussi éprouvèrent-ils — c'est là que j'en voulais venir — que toute richesse est un leurre, un rayon de lune sur l'eau, auprès du bonheur que les amants vraiment épris se peuvent, mesdemoiselles, donner l'un à l'autre, même quand ils sont époux. Ils étaient en train de se convaincre, pour la troisième fois, de cette consolante et salutaire vérité, quand un formidable : Nom de Dieu ! retentit à la porte.

C'était le cousin qui prenait un bain de siège en descendant, distrait et son fusil sur l'épaule, la dernière marche de l'escalier.

RECONNAISSANCE

RECONNAISSANCE

I

C'est un très véridique propos que je vous veux tenir aujourd'hui; aussi est-ce à un autre que je confierai le soin de ce très authentique récit. A tort ou à raison, en effet, je suis suspect aux amateurs d'histoire plutôt que de conte. Je passe pour mieux aimer inventer que me souvenir, et ceux qui ont entendu mentir les cailloux de la Garonne assurent que j'en ai un peu gardé l'accent. Celui qui va vous narrer, à ma place, est donc mon illustre ami le comte Guy des Étoupettes, membre de plusieurs Sociétés archéologiques et absolument incapable du moindre effort d'imagination. Je fréquente fort chez lui, en effet, depuis que, pour pénétrer dans la vraie société, j'ai eu, comme je vous le contais l'autre jour, l'inspiration heureuse d'ajouter à mon nom roturier, le titre de vidame de Moulin-Galant. On assure même que je fais cocu ce gentilhomme. Mais c'est une autre calomnie. Elle tombe d'elle-même devant cette simple constatation qu'on assiérait aisément deux comtesses des Étoupettes dans un seul fauteuil de l'Odéon. Il me faudrait, pour me décider à tromper un ami, une complice qui en comblât deux, à elle toute seule. Vous voyez que nous sommes loin de compte, et que mon hôte distingué n'a rien à craindre de moi. C'est, d'ailleurs, comme vous en jugerez tout à l'heure en le lisant, un très noble caractère, un compagnon généreux, une ganache digne de toutes les estimes et dont un homme épris d'idéal comme moi, rougirait de méditer le déshonneur. Maintenant vous le connaissez par moi-même. Je vous réponds de sa véracité sur la tête de mes aïeux, les Moulin-Galant d'autrefois, seigneurs de Corbeil et d'Essonnes. Vous remarquerez d'ailleurs que sa façon d'écrire ressemble absolument à la mienne. C'est qu'il me fait l'honneur d'en aimer le style sans prétention et n'en blâme que les audaces.

Maintenant la présentation est faite et je lui passe la plume.

II

C'était quelque temps avant mon mariage, et je faisais seul mon dernier voyage de garçon. J'en voulais profiter pour rapporter des curiosités à ma future à qui je savais un esprit sérieux, et c'est en Italie, pays des souvenirs, que je me promenais parmi les ruines augustes du passé, sur la poussière des palais et dans le souffle des lauriers. J'avais été précisément visiter, ce jour-là, la Villa Pliniana, près de Côme, et, dans la musique de la fontaine intermittente qui y pleure encore dans les jardins, j'avais écouté l'écho des leçons de Pline le Jeune dont la lettre XX décrit précisément ce séjour enchanté. Tout y redisait encore la vie calme des philosophes d'antan qui discutaient de l'amitié et de la sagesse, sous les grands ombrages tamisant la lumière dorée. Comme ces temps heureux où la pensée fleurissait dans l'épanouissement fraternel de la nature ressemblaient peu au nôtre! J'étais profondément ému et je n'avais jamais senti, en moi, la mémoire si près du cœur. Comme chercheur, je n'avais fait cependant que de médiocres découvertes. L'anse d'un vase qui aurait fort bien pu avoir servi aux usages familiers de Pline. Mais à quel usage en particulier? J'ai dit à ma femme, en la lui offrant, qu'elle devait cette relique à quelque urne lacrymatoire. Mais ma conscience n'est pas bien en repos sur ce point.

La nuit n'était encore qu'une menace lointaine, mais je m'étais promis de terminer cette promenada par la traversée du lac, pour y aller voir, au pied des ruines du château de Fuentès, descendre les eaux bleues de l'Adda, et pour y pêcher, au besoin, pour mon repas du soir, un de ces merveilleux *agoni*, qui sont bien, avec la *ferra* du lac de Genève, un des plus délicieux poissons que je connaisse.

Je hélai donc un batelier, et j'eus bientôt sous les yeux le plus adorable spectacle du monde. Le Tivano, qui souffle du Nord, se levait et faisait passer, sur l'eau déjà sombre, des frissons d'argent qui passaient parmi les dernières roses tombées de l'Occident, et qui semblaient les ciseaux clairs avec lesquels cette suprême floraison du jour avait été coupée. C'était à l'horizon comme un jardin rouge qui se dépouille sous un vent d'automne. Des pétales de pourpre y couraient encore, lumière s'effeuillant et se fondant dans les nuées. La première étoile se penchait au balcon du ciel, enveloppée dans une mantille de vapeurs, et c'était comme une vague chanson de mandoline qui montait vers elle. Et, de la terre s'éloignant, du rivage qui s'enfuyait, une haleine de parfums passait par bouffées grisantes. C'était comme une poussière de rêve, tombée des ailes d'un immense papillon, qui vous chatouillait délicieusement aux narines. Dans ce grandiose décor, je pensais à ma fiancée, et je pressais sur mon cœur le glorieux morceau du pot de chambre de Pline, sentant se fondre voluptueusement en moi les deux amours de ma vie : une femme fidèle et un authentique bibelot.

Un gros soupir m'arracha à cet état méditatif de

l'âme. Rassurez-vous. Il venait de la poitrine. Ce n'est pas M. de Moulin-Galant qui vous conte, c'est moi. Je préciserai même en affirmant qu'il s'exhalait de la poitrine du batelier qui ramait devant moi.

III

Et je me pris machinalement à contempler cet homme à qui je n'avais fait, au premier abord, aucune attention. C'était un superbe gars au teint très brun, aux cheveux noirs crespelés sur le front, pouvant avoir trente ans au plus, robuste avec des bras nus dont la cadence imprimait une pesée jumelle et vigoureuse sur l'eau qui clapotait à l'avant. Ses traits réguliers disaient sa race. C'était un frère du sang latin, ce qui me disposa à merveille pour lui. Donc, quand un second soupir sortit des profondeurs suantes de ses pectoraux, je lui demandai doucement le sujet de ses peines. En français, mais avec un fort accent, il me répondit :

— J'aime et celle que j'aime ne peut être à moi.

— Ne t'aime-t-elle donc pas?

— Elle dit, au contraire, m'adorer aussi et je la crois. Car elle est sincère et douce.

— Je ne te demande pas si elle est belle.

— Plus belle que toutes les autres et que les vierges elles-mêmes.

Et, ses regards s'allumant d'une flamme telle qu'on eût dit que toutes les étoiles du ciel y étaient subitement descendues, d'une voix si profonde qu'on eût juré que toutes les eaux du lac grondaient au fond, avec une mimique de héros contant sa tragique tendresse, il me décrivit celle qu'il nommait Augusta et m'en fit un portrait dont la future madame des Étoupettes eût eu, un instant, le droit d'être jalouse. Ce diable d'homme avait la passion singulièrement éloquente et les images se suivaient, sur ses lèvres, comme dans un nouveau Cantique des Cantiques. La chevelure de sa belle était comparable aux nuits d'été qui sont, à la fois, sombres et traversées de vivantes lumières. Octobre avait mûri deux airelles pour les cacher sous ses paupières aux cils soyeux; toute une vigne avait saigné pour empourprer un coin de ses lèvres; l'ambre et la nacre faisaient la matité et les luisants exquis de son teint; son nez descendait du front sans en infléchir la ligne pure et c'était comme un battement d'ailes de papillon rose au frémissement de ses narines; on eût dit de son menton une délicieuse boule de neige où les pattes d'un oiseau auraient mis un accent circonflexe. Et quand il passa, des grâces de son visage aux charmes du reste de sa personne, ce fut bien autrement délicat et troublant pour l'âme d'un célibataire.

Le corps d'Augusta — ce qu'il en savait du moins, — car il ne s'agissait, croyez-le bien, que d'un honnête amour, était fait sur le modèle des antiques Vénus aux épaules si délicatement étroites, aux hanches si voluptueusement arrondies, fleurs immenses dont l'étroite corolle sourit à la bouche, s'allongeant et se gonflant au centre, comme les boutons de lys prêts à s'ouvrir.

— Assez ! mon ami, lui dis-je. Et qu'est-ce qui empêche votre mariage?

Il me répondit d'un ton très sombre.

— Ma pauvreté.

Et je le regardai avec plus d'attention. Car il y avait ou comme une menace rapide dans son accent et nous étions seuls, sur le gouffre, loin du regard de tous témoins.

Mais je ne surpris dans ses regards éteints qu'une immense mélancolie.

— Tu dois gagner quelque argent, cependant?

— Oh ! si le bateau était à moi, j'en gagnerais sans doute. Mais je n'en suis que le rameur et n'ai pour moi que mes pourboires. Les Français me donnent toujours ; les Anglais quelquefois, les Allemands jamais. Et c'est eux maintenant qui voyagent davantage. Le seul kreutzer que j'aie reçu de l'un d'eux était en plomb. Il est vrai que c'était un Israélite qui avait accompagné son offrande de la bénédiction de son dieu.

— Et si ce bateau était à toi?...

— Oh ! alors, ce serait bien différent et je serais presque riche. Mais c'est un rêve, car je n'aurai jamais de quoi le payer.

Avec une soudaineté d'impression dont je ne sus contenir l'expression dangereuse, je lui dis :

— Qu'en sais-tu?

Alors l'homme me regarda avec des yeux tellement fous de joie, que je vis qu'il avait compris au vol ma pensée et qu'il n'était plus temps de reculer. Comme il se faut méfier de son premier mouvement !

6.

Presque confus de ma faiblesse, je me contentai de lui demander :

— Combien en veut-on ?

— Cinq cents francs.

J'eus un frisson de honte à l'idée de lui répondre : c'est trop cher ! et de le précipiter, de si haut, dans un désenchantement si profond. Une fois venu là, je n'avais qu'à m'exécuter ou à être aussi odieux que ridicule.

Je fouillai, fort mécontent de moi, dans ma redingote, j'en tirai mon portefeuille, et, de celui-ci, j'extirpai, douloureux comme une dent malade, un billet de vingt-cinq louis que l'homme regardait avec des prunelles agrandies et fixes.

— Tiens, lui dis-je, en faisant de mon mieux pour sourire.

Je crus qu'il allait s'évanouir de bonheur quand il eut touché le papier.

— Ah ! monsieur ! faisait-il, monsieur !

Et il pleurait et ses larmes me coulaient sur les mains, tièdes et précipitées.

— Monsieur ! s'écria-t-il enfin, d'une voix résolue, où vibrait une reconnaissance éperdue. Monsieur, j'épouserai Augusta dans huit jours ; mais c'est vous qui coucherez avec ma femme le premier !

PRÉDICTIONS

PRÉDICTIONS

I

— Dans dix ans, me dit avec mélancolie mon ami, le savant docteur Vesdebringue, les femmes auront fini de rire.

Et comme mon regard seul l'interrogeait, il continua :

— Ce sacré Brown-Séquard ne se doute pas de ce qu'il a fait.

— Vous croyez vraiment, mon ami, me décidai-je

à lui demander, à la découverte dont cet audacieux vivisecteur a entretenu récemment l'Académie?

— Parfaitement, et je vous répète que s'il en avait prévu les conséquences, il en eût gardé, pour lui seul, le dangereux secret.

— Je ne vois pas.

— Il en est cependant qui sautent aux yeux. Il est certains fonctionnaires à qui il devrait être formellement interdit de se rajeunir de dix ans. Prenons la direction de l'Opéra, par exemple. M. Ritt y représente la sage économie et M. Gailhard l'absence complète de prodigalité. Ils se complètent l'un l'autre, grâce à la différence d'âges, et quand M. Gailhard trouve à gaspiller quatre sous dans son budget, M. Ritt en trouve immédiatement huit. Nestor conseille Achille et le grand art lyrique n'en va que mieux. M. Ritt abuse du procédé Brown-Séquard. Il hérite une garenne qui lui permet de suivre longtemps le traitement sans bourse délier, et voilà nos deux directeurs du même âge à peu près. L'admirable équilibre qui régnait entre eux est rompu. M. Ritt devient presque aussi prodigue que M. Gailhard, et nos deux pauvres diables se retirent millionnaires à peine après l'Exposition.

— Voilà qui est vrai et navrant.

— Voyez-vous que tous les sénateurs se ruent en dépenses pour se procurer de la graine vivante de lapin (le mot scientifique me fait horreur!) Que devient leur pouvoir salutairement pondérateur sur une Chambre n'ayant pas la même ressource, parce qu'alors un nombre considérable de ses membres n'auraient plus l'âge requis pour siéger au Parlement! Voilà notre Constitution ébranlée par cette invention maudite. Et cependant, mon ami, tout cela n'est encore rien auprès du bouleversement qu'elle apporte dans le monde passionnel, plus intéressant, pour vous et pour moi, que la politique. Là, mon ami, c'est le cataclysme dans toute son horreur.

— Vous me remuez aux moelles, Vesdebringue.

L'aimable praticien me fit asseoir, me voyant très pâle, devant une table de café, et me fit servir un cordial qui me donna la force de l'entendre jusqu'au bout.

II

— C'est un vieil axiome, reprit-il, que les petits cadeaux entretiennent l'amitié. C'en est un autre, également vieux, dans notre monde, que les petits cadeaux entretiennent aussi l'amour. Aspasie et Phryné ne se nourrissaient pas exclusivement de la chanson des poètes et de l'éloquence des rhéteurs. En dehors du mariage, dont les adhérents deviennent de plus en plus rares, et où il arrive souvent que l'homme n'a rien apporté au bien-être commun, le contrat social, dans le milieu où nous vivons, entre l'homme et la femme, repose sur ce point essentiel que c'est celui-ci qui donne de l'argent à celle-là. Vous n'avez pas l'intention, n'est-ce pas, de chasser de la société les courtisanes, ce qui la rendrait terriblement ennuyeuse, ni de proscrire une institution sans laquelle l'adultère serait encore plus commun. Eh bien, c'est à quoi vous allez tout droit par l'emploi du lapin rajeunissant que M. Brown-

Séquard veut mettre à la mode. Ce Léporide de Jouvence est pour faire se mettre en grève les aimables filles qui vivent de leurs charmes et de l'amour, ce qui sera autrement terrible que la grève des cochers.

Il faut ignorer, en effet, la puissance des affinités assimilatrices entre êtres d'espèces différentes, pour ne pas redouter l'invasion sous-cutanée des mœurs d'un animal qui a toujours manqué, d'après les naturalistes, à la loi la plus essentielle de la délicatesse et de la galanterie. Aucun observateur, même des plus fins et des plus consciencieux, même Buffon, n'a jamais vu, dans la profondeur mouillée des bois matinaux, un lapin glisser, dans la patte de sa bien-aimée, en la quittant, ou lui glisser discrètement, sous un bougeoir, quelque jolie feuille de serpolet au timbre de la Banque des Animaux. A peine satisfait, ce médiocre quadrupède file sous les genêts sans laisser derrière lui la moindre trace de sa munificence ; car nous ne prendrons pas pour telles les petites boules de réglisse noir qu'il sème, comme le Petit Poucet, sur son chemin

> ... Quand il fait à l'aurore sa cour,
> Parmi le thym et la rosée.

Eh bien, c'est cette fâcheuse pratique qu'adopteront nos gentilshommes rajeunis. Car nous prenons tout, en même temps que leur substance, aux animaux que nous consommons, tout, jusqu'au goût de leur propre chair. Toussenel a connu un anthropophage qui lui affirma que la chair de l'Anglais rappelle sensiblement le mouton et la chair de l'Allemand celle du porc.

Oyez, mon ami, maintenant, comment sera joli le sort des pauvres demoiselles destinées à vivre dans une garenne humaine, quand le procédé que je flétris se sera généralisé. Aucune compensation, d'ailleurs, car le monsieur de soixante-dix ans qui s'enlève dix ans, comme avec la main, en a encore soixante, ce qui n'est plus l'âge des idylles. Ces messieurs seront aussi ladres que des jouvenceaux, mais voilà tout. Que deviendra Paris, je vous prie, quand toutes les coquetteries vénales, mais exquises, qui le transforment en un jardin de fleurs, de soie et de pierreries, auront abdiqué? Dans l'allée des Acacias, devenue morne, ne se croiseront plus, avec les rayons du soleil couchant, les flèches des sourires, et ce parfum vivant qui monte des chairs estivales, dans l'échancrure agrandie des corsages, ne se mariera plus aux bonnes odeurs du feuillage. Il ne nous restera plus qu'à chanter comme le vieux Villon :

> Dytes-moy où n'en quel pays
> Est Flora, la belle Romaine.

et qu'à nous lamenter sur la blancheur des neiges d'antan qui scintillait à la nonchalance des épaules !

Voyant que j'étais près de pleurer, à ce récit lamentable, le doux Vesdebringue me fit prendre un second cordial qui me remit également.

III

— Et tout cela n'est rien encore, continua-t-il, et je vous montre l'avenir dans dix ans seulement, car dans vingt il sera plus terrible encore.

Et comme je me voilais la face, en murmurant le *Di avertant omen* que tout bon latiniste porte toujours sur soi.

— Il est acquis aujourd'hui que nous n'inventons rien, que nous ne découvrons rien que les Chinois n'aient inventé et découvert il y a quelques centaines de siècles. Je ne me rappelle plus à quelle époque improbable vivait le Brown-Séquard du Céleste Empire. Gailhard lui-même n'était pas encore annoncé par les prophètes de Toulouse, en ce temps-là. Mais je sais son nom et un aperçu de ses ouvrages m'a été donné par un mandarin de mes amis, président d'une section à la grande assemblée cosmopolite du Champ-de-Mars. Il se nommait Hang-Petang et n'a pas moins écrit que Confucius.

Plus ingénieux encore que notre grand physiologiste, le vivisecteur chinois! Car, cherchant le même secret de rajeunissement par des moelles étrangères, et se disant fort justement que le vrai rajeunissement est le pouvoir prolongé de faire l'amour, ce n'est pas au lapin, animal pacifique, il est vrai, mais relativement à nous seulement, qu'il s'était adressé. Il s'était adressé à certaines variétés de poissons dont les vertus aphrodisiaques sont démontrées depuis longtemps et dont les organes sont bien autrement riches en phosphore. Ayant obtenu de foudroyants résultats sur lui-même; — car Hang-Pétang ne vécut pas moins de cent quatre-vingts ans et fit cent dix-sept petits bâtards dans les dernières années seulement — ce sage se contenta de les consigner dans ses Mémoires, sans les divulguer par des communications publiques à l'Ecole de médecine de Pékin. Mais soyez tranquilles ! Maintenant que nous allons parler couramment le chinois, nos savants traducteurs n'imiteront pas sa réserve. Le lapin de M. Brown-Sequard aura à peine vécu. Les poissons de Hang-Pétang en auront pris la place. Et alors ! oh alors ! ô mon ami, les nouveaux morphinés de cette seringue régénératrice ne se contenteront plus de payer les dames à qui ils auront eu affaire, d'un beau salut. Ils fouilleront jusque sous leurs jarretières et y déroberont toutes les menues monnaies dissimulées. Alphonse Ier sera proclamé roi. Le port des cannes à pêche sera interdit dans toute l'étendue de son empire. Le rêve de Paris port de mer sera enfin réalisé.

— Pouah ! fis-je.

— Jouissons donc encore, me dit philosophiquement Vesdebringue, du reste d'une civilisation qu'on a tort de calomnier.

Et, me montrant une adorable fille qui enveloppait d'un regard caressant tout le trottoir :

— Prêtez-moi cinq louis, mon ami ! me dit-il pour me prouver, sans doute, qu'il était un galant homme.

— Et je ne l'ai jamais revu depuis.

TRAS LOS MUROS

TRA LOS MUROS

I

— Eh bien, non ! maman ! jamais !

Et la blonde Emmeline, d'ordinaire si douce, ramenait, en les crispant, ses deux jolis poings blancs sur ses yeux, dans une pose évidente de révolte et de désespoir.

Madame de Guilledou, sa noble mère, l'enveloppa plus tendrement encore de ses bras dodus :

— Il faut te résigner, pourtant, mignonne, lui dit-elle, ou bien ne fallait-il pas penser à l'état benoît de mariage. Tu t'exagères bien d'ailleurs la gravité de ce détail...

— Oh ! maman !

— Je t'assure que toutes les femmes s'y habituent. On en cite même qui finissent par y prendre plaisir.

— Quelle horreur !

Et la blonde Emmeline déploya, dans toute leur longueur, ses doigts, fuselés et teintés de corail au bout, sur ses paupières baissées, afin de mieux cacher son effroi à l'indiscrète clarté du jour.

Du jour, non — mais d'un soir bien illuminé de lune. Car madame de Guilledou avait attendu cette heure mystérieuse et voilée d'ombre pour les suprêmes confidences qu'une mère doit à sa fille la veille de l'hyménée. Sur la large causeuse, et, elle jeune encore, c'était un groupe charmant dans une vapeur blanche, que tamisaient les rideaux à demi fermés et qui venait ajouter sa blancheur presque fantastique aux candeurs de la toilette virginale étalée déjà dans un coin de la chambre, frisson de soies, ailes de tulle palpitantes sous la brise, fleurs d'oranger s'éplorant en couronne sur la transparence des voiles.

Et, très doucement, l'institutrice naturelle continua :

— Qu'aurais-tu donc dit, ma chère enfant, si, comme moi, on t'avait mariée à un inconnu ?

— Oh ! papa est si bon !

— Je ne m'en suis aperçu qu'après. Mais toi, Gaëtan ? tu le connais comme toi-même. Vous avez été élevés ensemble. Tout petits, vous jouiez déjà au petit mari et à la petite femme...

— Oh! non, pas comme ça!

— Je l'espère bien, Emmeline. Mais, depuis, vous ne vous êtes guère quittés, et tu as pu apprécier la douceur de ses mœurs et de son caractère. Sa tendresse pour toi est pleine d'égards qui te doivent rassurer. Qu'as-tu à craindre de lui ? C'est comme lorsqu'on a un pharmacien dans sa famille. Il sait donner un bon goût à ses pilules pour vous les faire avaler. Je t'assure que Gaëtan te présentera ça sous des couleurs n'ayant plus rien d'effrayant. C'est une minute à passer.

— Ah! ma petite maman! si encore vous étiez là.

— Y penses-tu, Emmeline ? Les convenances s'y opposent absolument et ton fiancé — que dis-je! ton mari — serait justement blessé de ce manque de confiance.

— Mais, cependant, s'il voulait abuser de ses droits, s'il devenait méchant...

— Folle que tu es!

— Impossible de vous appeler à mon secours! Mais c'est affreux!

— Ecoute, mignonne. S'il ne faut que cela pour te tranquilliser, nous avons toute la matinée de demain pour établir une communication entre votre chambre et celle où je repose avec ton digne père. Je ferai venir les électriciens. Mais, je t'en supplie, ne m'appelle qu'au cas où Gaëtan — et je suis convaincu du contraire — se départirait des façons courtoises qu'un homme bien élevé apporte dans cette prise de possession, qui doit être, avant tout, une conquête morale et le triomphe de la persuasion. Bonsoir, ma chérie! c'est entendu. A demain, de grand matin, pour ta toilette ! Que tu vas être charmante, mon Emmeline ! Mais quel instant cruel pour une mère !

Et les deux femmes se serrèrent dans les bras l'une de l'autre avec des sanglots, durant qu'une phalène, entrée par la croisée entr'ouverte, s'allait poser, en bourdonnant des ailes, comme une double tache de velours, sur la robe blanche d'Emmeline effarée.

La pauvre enfant eut un cauchemar horrible, cette nuit-là. Ce que sa mère lui avait annoncé dépassait toutes les terreurs mystérieuses et toutes les prévisions inquiètes de son innocence. C'est un tort d'élever la jeune fille dans tant de vertu. Il faudrait en finir avec le petit chat d'Agnès. Je dis cela, madame, parce que vous ne vous appelez pas Agnès vous-même.

II

Quel lendemain occupé ! Dès le matin, les hommes étaient venus pour poser la sonnerie promise. Un timbre s'applatissait, luisant comme une cuirasse, au fond de l'alcôve, où M. de Guilledou ronflait tous les soirs, au grand scandale de sa moitié. Le temps avait manqué pour creuser la muraille et établir le bouton de communication dans la chambre nuptiale d'Emmeline. Mais un long cordon avait été pendu derrière ses rideaux, auquel une poire était attachée, une petite poire en caoutchouc, qu'il suffisait de presser légèrement entre les doigts, pour agiter le martelet du timbre à distance. Ladite poire descendait assez bas pour être dissimulée dans la ruelle où, seule, Emmeline savait son existence.

M. de Guilledou avait beaucoup ri de son installation.

— On n'en aurait pas besoin avec vous! lui dit amèrement sa femme.

Mais il fit celui qui ne comprend pas et continua de rire.

Les adieux d'Emmeline à sa chambrette de jeune fille furent le délicieux parfum de toilette qu'elle y laissa en se rendant à l'église. La pauvre phalène, qui en était toute grisée et qui s'était brûlée les ailes aux lumières tout allumées, agonisait dans un coin. Un désordre charmant était resté sur les meubles, la chemise de nuit, longue et brodée aux manches seulement, avec ses effluves de chair virginale, le peignoir encore tiède des moiteurs exquises de la peau, et, sur le tapis, mélancoliques et à peine ouvertes, comme des fleurs qui vont mourir, les mignonnes pantoufles d'où semblaient monter des soupirs. Et c'était comme un restant de pudeurs défuntes qu'exhalait ce nid abandonné. Le miroir surtout faisait mal à voir. Le miroir qui seul avait contemplé de délicieux coins de nudité et les avait reflétés en même temps que le sourire de l'oublieuse absente!

A l'église, à la mairie, au repas qui suivit ces deux visites essentielles, comme durant la danse qu'on lui imposa, le repas fini, Emmeline fut d'une préoccupation évidente et visiblement obsédée. Elle rougissait quand Gaëtan l'approchait; elle le fuyait; elle le regardait avec horreur. Parfois, subitement, comme un poussin qui s'effarouche et court se blottir sous l'aile de sa mère, elle s'en allait se cacher derrière les larges épaules de madame de Guilledou, semblant lui demander grâce. Et celle-ci la réconfortait avec des mots encourageants que Gaëtan entendait quelquefois et qui lui semblaient les plus désobligeants du monde. Car ils ressemblaient infiniment à ceux que le prêtre murmure à l'oreille bourdonnante du condamné, quand la guillotine se dresse toute droite, avec un éclair en haut, dans la sérénité menteuse de l'aube.

Non ! non ! Décidément parlez-moi des demoiselles qui ont fait leur médecine et dépouillé toutes ces ignorances-là ! J'aimerais mieux épouser mademoiselle Diafoira elle-même que d'inspirer de pareilles terreurs. N'est-ce pas, chère madame, que ce n'est pas si redoutable que ça ?

III

Que je sois crucifié un jour, entre Gailhard et Paravey, ce qui me rendrait le calvaire bien désagréable, si je consens à vous conduire dans la chambre nuptiale où Gaëtan et Emmeline sont seuls maintenant, devant le lit, grand ouvert d'abord, puis sous les draps abaissés ensuite. Ce sont spectacles immoraux qu'on ne se permet que dans les opéras-féeries, devant les jeunes filles, à qui on défend la lecture de mes livres. Nous autres, conteurs gaulois, sommes plus pudiques que cela. Nous nous arrêtons au seuil du temple des légitimes tendresses. Bien plutôt, allons respirer au dehors les fraîcheurs divines de cette nuit printanière, dans la senteur des derniers acacias pleuvant sur les haies leur neige rosée. On aime aussi et on se marie dans le cœur éperdu des premières roses, où le bourdon s'est endormi, saoul d'odorantes caresses, sous la feuillée obscure, et traversée de larmes d'étoiles, où le rossignol charme l'oiselle blottie dans l'ombre qui tressaille; au bord des sources où la libellule a reployé ses longues ailes vitrées et transparentes, n'étant plus qu'une longue aiguille posée, au corsage velouté des iris; dans le ciel où de petites nuées se poursuivent comme des amoureuses dans le même rayon de lune; sous la terre, où l'insecte murmure d'obscures épithalames, creusant des couches nuptiales dans la racine flottante des mousses. On aime et on se marie partout, dans ces tièdes nuits, dont le silence n'est qu'une innombrable et confuse chanson d'amour. Deux grains de poussière de plus dans l'immensité, que ce jeune garçon et cette jeune demoiselle, qui s'imaginent que l'univers tout entier est attentif à leurs premiers embrassements.

Tenez, plutôt que de les venir déranger, dans cette orgueilleuse occupation, je vous aimerais mieux conduire dans la chambre de M. et de madame de Guilledou, où vous n'êtes exposés à rien voir de contraire à la plus austère chasteté. Le vieux ménage est justement en train de causer, en attendant les événements et en épiant la maudite sonnerie.

— Alors, Hippolyte, fait madame, ça ne vous donne aucune idée pour votre compte personnel ?

— Il me semble, reprend monsieur, que ce n'est pas moi qui me suis marié aujourd'hui.

— Impertinent! vous pourriez, au moins, vous souvenir.

— Tout ce que je sais, madame, c'est que nous avons donné, à notre cher Gaëtan, une fille unique, et qu'il serait absolument indélicat, dès le lendemain de leur mariage...

— Dites donc bien vite que vous seriez bien embarrassé de commettre cette indélicatesse-là.

— Il me semble, cependant, qu'en une telle nuit, l'émotion est bien naturelle. Notre fille peut sonner d'un moment à l'autre.

— Allons donc, mon cher! il va être quatre heures du matin, — l'heure où le coq se manifeste dans la nature, sinon ici — le petit jour vient de naître. Notre Emmeline a pris son parti. Ah! jusqu'à deux heures du matin, je n'étais pas tranquille...

— Tic! — Tic! — Tic! — Tic!

— Qu'est ceci?

Les coups se succédaient au timbre, mais avec une lenteur tout à fait méthodique. M. et madame de Guilledou s'étaient mis l'un et l'autre sur son séant.

— Tic! Tic! Tic! Tic!

Les coups s'accélérèrent sensiblement, mais en gardant une périodicité parfaite. La musique se hâtait, mais en restant une musique, avec une candeur bien nette. Mais tout à coup ce fut une véritable furie de petits coups répétés.

— Tic! Tic! Tic! Tic! Tic! Tic! Tic! Tic!...

Quelque chose de furibond et de désespéré.

— Le misérable! s'écria madame de Guilledou. Et sautant du lit, elle ouvrit follement sa porte, se rua dans les couloirs et s'en vint heurter à l'huis de la chambre nuptiale. Mais le verrou était mis en dedans et, comme elle menaçait de tout enfoncer :

— Voyons, maman, lui dit la voix de mauvaise humeur d'Emmeline. Est-ce que tu ne vas pas nous laisser tranquilles ?

Les bras lui en tombèrent le long des cuisses. Ça fit : Pan. Pan.

. . . .

Comme Emmeline faisait très pudiquement sa toilette :

— Regardez-donc, mon ami, dit-elle à Gaëtan, si je n'ai rien dans le dos.

Et elle abaissait sa chemise au-dessous de ses jolies épaules.

— Ah ! mon Dieu ! fit Gaëtan.

Emmeline avait, très nettement, la forme d'une petite poire, marquée en rouge, un peu au-dessus des reins, comme lorsqu'on s'est appuyé très longtemps sur un objet qui a marqué son empreinte dans une légère meurtrissure de la chair.

Vivement, elle courut refermer les draps, et dit à son mari, en lui tendant ses belles lèvres :

— Mon ami, ce n'est rien !

MONDANITÉS

MONDANITÉS

I

C'était un homme austère, à principes, et même un peu rétrograde, que M. Migelevent, et qui ne tolérait, chez lui, que deux journaux : les *Débats* le matin et le *Temps* le soir. Toute feuille mondaine y était impitoyablement proscrite et il ne tarissait pas sur l'immoralité de la jeune littérature. Il demandait la potence pour Mendès et pour moi, et le supplice de la roue pour notre maître Banville. Madame Migelevent en était réduite aux articles d'économie politique et, quand elle n'y semblait pas prendre un intérêt suffisant, il la menaçait de l'abonner à la *Revue des Deux-Mondes* ; c'est dur pour une jeune femme ayant un naturel gai et d'admirables dents à montrer dans le sourire. Mais M. Migelevent ne transigeait pas. Il faisait une chasse sans pitié à tout ce qui n'était ni le *Temps*, ni les *Débats*, ce quelque chose se présentât-il sous les espèces transparentes d'un morceau de papier ayant enveloppé quelque menue acquisition. C'était inspirer imprudemment à Madame un goût furieux pour le fruit défendu. Ne soyons donc pas étonnés de la voir parcourir fiévreusement et furtivement un des journaux proscrits qu'une amie, en visite, avait laissé sur un guéridon.

Tout à coup elle éclata de rire, la liseuse en maraude d'écolier.

Elle venait de lire, à la quatrième page, l'avis suivant dont je garantis, sur mon honneur, l'authenticité et que les curieux retrouveront dans la collection de la semaine passée d'une des feuilles à la mode que je ne veux pas désigner plus complètement :

Un homme de quarante ans, bien conservé, désirerait entrer en relations avec une dame blonde, de moins de trente ans. Il serait peu exigeant, n'ayant que deux soirées par semaine. Répondre aux initiales A. B. 1869, poste restante, bureau Madeleine.

— Ainsi, pensa-t-elle, il y a des imbéciles et des gens assez dénués d'illusions pour commencer une liaison de cette façon ridicule !

Et, dans son petit cerveau de bourgeoise honnête, elle conçut une horreur épouvantable de ce Monsieur de quarante ans bien conservé.

Que le mystifier serait une œuvre pie. Elle ne résista pas longtemps à la tentation qui lui était venue. Elle sauta sur son buvard et, d'une écriture dissimulée, elle traça cette réponse :

Y aurait-il indiscrétion à vous demander quels sont les deux soirs que vous daigneriez consacrer à la dame de trente ans et où vous comptez la recevoir. Réponse dans le même journal, à la même place et sous le n° 117.

Le lendemain, à l'endroit et sous les chiffres indiqués, elle lut :

Les mardis et les vendredis, à 9 heures, rue Taitbout, 145, demander M. Albert.

— C'est complet ! murmura madame Migelevent. Ah ! non, pas encore.

Et, à l'adresse déjà donnée, elle écrivit :

Entendu pour mardi prochain.

Et elle pensa encore :

— Voilà un gaillard qui m'attendra sous l'orme.

II

Comme elle avait repris son demi-sommeil sur un intéressant article concernant la *perception des impôts chez les Sarmates*, après avoir mis elle-même ce dernier mot pour l'inconnu à la poste : il lui monta, au travers des lignes pesantes, comme une vapeur de réflexions, et ces deux mots : *mardi* et *vendredi* flottèrent dans sa rêverie, fantastiques comme le *Mané, Thécel, Pharès* biblique. Tiens !

Tiens! Tiens ! Mais c'était précisément les deux soirs où M. Migelevent ne manquait jamais d'aller à sa conférence! Ah ! pour un empire, il n'y aurait pas manqué. Mais, au fait, pourquoi se mettait-il si élégamment pour aller entendre jaboter d'anciens confrères du Barreau ? Quand il rentrait, à minuit passé, ces jours-là, il était gai, mais pas affectueux. Le matin qui les précédait, il avait un air distrait et mystérieux. Il se dérobait aux caresses légitimes du bonjour sous le prétexte de quelque travail absorbant. Mieux que cela ! Pourquoi ne laissait-il entrer chez lui aucun journal ne pouvant contenir des annonces de ce genre? Mais c'était clair comme le jour. Son correspondant anonyme était certainement son mari ! Quarante ans et bien conservé ! Justement son âge et sa prétention ! Voyez-vous l'abominable sournois ! Comme elle avait contrefait les lettres de ses épîtres, il ne s'était douté de rien ! Voilà donc pour quelles aventures grotesques ce facétieux jurisconsulte la délaissait !

Elle conçut de cette découverte, où, convenons-en, les probabilités étaient nombreuses en faveur de son hypothèse, une colère rentrée et qu'elle se garda bien de laisser voir à celui qui en était l'objet. Quant à la vengeance, elle sautait aux yeux. Elle pousserait, mardi, les choses jusqu'au bout, irait au rendez-vous, demanderait le faux Albert et confondrait le perfide. Et puis le divorce était là pour la séparer à jamais d'un indigne époux.

C'est dans cet ordre de sentiments violents, mais volontairement réprimés, qu'elle passa les trois jours la séparant de celui de l'épreuve. Quand celui-ci vint, M. Migelevent fit son petit manège accoutumé, fut désagréable le matin, se parfuma pour sortir, comme un godelureau, et annonça joyeusement qu'il rentrerait tard.

Dix minutes après lui, elle était dans la rue.

III

Le cœur lui battait fort dans la voiture. Le courage lui manquait et elle avait envie de ne pas aller plus loin. Tout cela n'était, pour elle, qu'une coïncidence fâcheuse, qu'un hasard malheureux, qu'un mauvais rêve. Un homme qui semblait si calme chez lui ! Mais justement ! c'est qu'il dépensait ailleurs ses ardeurs illégitimes. Et puis le doute était trop affreux. Elle en aurait le cœur net ! Le fiacre s'était arrêté au numéro indiqué.

— Monsieur Albert ? demanda-t-elle d'une voix qui tremblait.

— Appartement 3, fit une façon de gérant, après avoir jeté un coup d'œil vague sur un grand registre.

Elle faillit se trouver mal en montant l'escalier ; elle entra sans frapper, pour que la surprise fut plus complète, et demeura interdite, mais joyeuse, devant un monsieur qui n'était pas du tout M. Migelevent. Celui-ci vint vivement à elle :

— Rassurez-vous, madame, fit-il. Vous pouvez compter sur mon absolue discrétion.

— Mais, monsieur.

— Je n'abuserai pas de vos instants.

— Permettez-moi...

— Je vous promets de ne vous faire aucun mal. J'ai la main d'une légèreté !...

— Laissez-moi vous expliquer...

— Je sais votre cas ; vous n'aurez pas le temps de faire : ouf !

— Encore une fois...

— Voyons ! pas d'enfantillage. Vous ne m'avez pas dérangé pour rien.

— Impertinent !

— Laissez-moi faire...

Et, la poussant légèrement sur une chaise, l'inconnu fit mine de lui vouloir retrousser le bas de sa robe.

Elle lui envoya un grand soufflet.

— Morbleu ! madame, fit le giflé en se frottant la joue, on ne fait pas venir une spécialiste de mon importance, sous prétexte qu'on ne saurait aller chez lui, ni le recevoir chez soi, pour le traiter de la sorte.

— Un spécialiste ? murmura madame Migelevent. Ah ! vous appelez ça un spécialiste.

— Ah ! ça, madame, est-ce que je rêve ! Ne m'avez-vous pas écrit que, désirant me consulter sur un cas délicat, vous désiriez me trouver ici et ne m'avez-vous pas indiqué cette heure ?

— C'est vous, monsieur, qui rêvez sans doute. Mais je ne comprends pas un mot à cette histoire. Je me porte à merveille et était venue ici pour surprendre mon mari qui est un polisson ! Voilà !

Un coup discret fut frappé à la porte.

— Pardon, monsieur, fit une voix du dehors mais il y a eu erreur sur le numéro de l'appartement qui vous a été indiqué en bas. Une autre personne le réclame.

— Comment est cette personne ? demanda madame Migelevent, revenant à son idée.

La voix du dehors lui fit le portrait le plus fidèle et le plus ressemblant de son mari.

— Tant pis ! reprit-elle avec résolution. Nous sommes ici et nous y resterons.

Et, devant le spécialiste interdit, elle retirait enfin son chapeau et commençait à dégrafer le haut de son corsage.

— J'étouffe, fit-elle.

Il s'approcha auprès d'elle et acheva de lui délivrer la gorge. Exquisement blancs et rondelets les nénés de madame Migelevent ! Elle n'était certainement pas complètement évanouie quand le docteur mêla quelques baisers, sur cette chair parfumée, aux menues frictions dont il essayait de la ranimer. Elle ne se fâcha pas. Elle continua à faire celle qui ne sent rien de ce qu'on lui fait. Elle trouva que la vengeance, sans le petit supplice des fausses hontes, était un mets tout à fait savoureux. L'appétit lui vint sensiblement en mangeant. Le médecin, de son côté, ne regrettait pas sa cliente. Tout le monde fut satisfait, même M. Migelevent à qui sa femme ne fit aucune scène au retour. Au contraire, lui dit-elle : — Vous savez, mon ami, si vous voulez sortir tous les soirs, ne vous gênez pas pour moi !

LE TABLEAU VIVANT

LE TABLEAU VIVANT

I

Êtes-vous, par nature, mauvais plaisants ? Moi je le fus beaucoup au temps de ma « paoure et payllarde jeunesse » comme disait le doux Panurge, mon patron. Car j'en ai fini, depuis longtemps, avec les saints du calendrier et c'est dans le paradis de Rabelais que j'ai choisi le Bienheureux dont l'exemple me doit guider et le souvenir protéger, en ce bas monde. Au moins ceux-là ne se célèbrent pas par des cadeaux et je n'entends plus mes bonnes amies me dire : « Mon doux Silvestre, c'est demain ta fête, qu'est-ce que tu vas me donner? »

Ah! oui, je les aimées (mes bonnes amies aussi), les farces, et le carambolage, dans la farce, m'a toujours paru un jeu tout à fait plaisant. Mais le mot demande un commentaire. Il s'agit du tour que l'on joue à un tiers en train de mystifier lui-même quelqu'un. Le type est populaire en Belgique. On vous y offre couramment un cigare détonant, en vous faisant croire que c'est à un autre qu'on l'a offert. Durant que vous attendez, avec une anxiété méchante, que la petite machine infernale éclate aux lèvres du faux mystifié, c'est votre propre moustache qui flambe. On en rit, à Bruxelles, que les tours admirables de Sainte-Gudule en sont ébranlées.

Vous savez maintenant le divertissement à double détente qui me ravissait de joie.

Mon ami, le docteur O'Kelvan, de vieille noblesse armoricaine, savant comme pas un, me dit un jour :

— J'ai découvert un anesthésiant d'une puissance tellement foudroyante qu'il immobilise subitement les gens dans leur pose, et, sans arrêter le moins du monde les fonctions vitales, les transforme en véritables statues.

— Et ce médicament admirable, lui demandai-je, est malaisé à leur faire ingérer?

— Pas le moins du monde. Un peu de la vapeur en laquelle mon produit s'évapore, au contact de l'air, simplement respirée, absorbée inconsciemment par les voies respiratoires, produit le merveilleux effet. La substance est d'ailleurs parfaitement inodore, ce qui permet d'en faire usage sans que personne en soit indiscrètement averti. J'ai d'ailleurs trouvé moyen de l'emprisonner dans de petites sphères de verre, pas plus grosses que des pilules, et qui se brisent au contact du sol. Vous lancez ce petit pois dans un groupe, et le groupe se fige, comme par enchantement, comme font les mers polaires sous le baiser coupant des gelées.

— J'ai une idée, fis-je à mon ami le docteur O'Kelvan.

— Comique ?

— Comique. Prends ton chapeau et partons pour la fête de Neuilly. Mais va quérir d'abord, dans ton laboratoire, quelques-unes de ces sphères mignonnes qui se cassent à terre en produisant l'enchantement.

Un instant après O'Kelvan revenait avec trois de ces gazogènes pilules, soigneusement enfermées dans un étui. Je lui demandai à les regarder de près et j'eus le temps, durant qu'il allumait un cigare, de leur substituer trois petites boulettes purgatives de même apparence, dont un pharmacien m'avait coûteusement préparé une boîte, quelque temps auparavant.

En route maintenant pour les foraines assises qui firent les délices des dernières années de Théophile Gautier.

II

Je savais qu'il y avait un théâtre de tableaux vivants, et c'est devant lui que je fis arrêter la voiture. J'avais, en route, expliqué mon plan à O'Kelvan qui l'avait trouvé on ne peut plus ingénieux et se promettait un grand plaisir de le voir réalisé. C'était enfantin et indiqué à l'avance. Nous nous placerions tout près de la scène et, au beau milieu des personnages figurant quelque œuvre de sculpture chimérique, nous ferions éclater le silencieux projectile. Tous les pauvres gens seraient comme hypnotisés. En vain, le signal leur serait donné de quelque transformation soudaine d'attitude, comme cela se pratique dans ce genre de comédie. Ils ne bougeraient pas plus que des termes. Directeur, public, personne n'y comprendrait rien. Ce serait un ébouriffement général. L'effet, très inoffensif d'ailleurs, durait un bon quart d'heure. Ce quart d'heure paraîtrait tout un siècle à ce monde anxieux et interloqué. O'Kelvan en riait à l'avance. Il s'en tenait les côtes. Et moi je m'amusais aussi infiniment, par avance, en riant de sa déconvenue. Que les bons sentiments, chez l'homme, sont volontiers contagieux ! La moquerie y est comme un volant dont chacun entend tenir la charitable raquette.

J'avais assisté déjà à une représentation et je connaissais le programme.

— Nous choisirons, avais-je dit à mon ami, un tableau à deux transformations, emprunté, paraît-il au musée de Toulouse et intitulé : l'*Apothéose de*

Gailhard. L'éminent directeur y est figuré d'abord recevant modestement les hommages de la Musique, de la Poésie et de l'Orthographe. Puis, métamorphose soudaine, dans une lumière rouge de Bengale il apparaît en restaurateur... des grandes traditions, j'entends de notre première scène lyrique, foulant aux pieds la Routine, foudroyant le vieux Jeu, s'asseyant sur l'Accord parfait, et semant à pleines mains l'or sur la route symbolique du Progrès. Tel enfin que ses grands compatriotes de la sculpture ne sauraient manquer de le représenter, un jour, quand la Mort l'aura enfin contraint à l'Immodestie et à l'Immortalité. C'est ce bouleversement apothéotique du tableau qu'il convient d'empêcher, en immobilisant dans leur pose première, les artistes qui le doivent effectuer.

— Hi ! Hi ! Hi ! Hi ! Hi !

C'était cet imbécile d'O'Kelvan qui se donnait, par avance, mal à la rate.

III

Je crains de devenir un homme politique, car je suis pour les professions de foi. J'aime infiniment les tableaux vivants ; autant que je hais les figures de cire. J'ai vu, dans ma toute enfance, cette admirable famille des Keller qu'a célébrée mon maître Banville. Des femmes vraiment belles, prenant, en artistes, des poses de statues ; c'est une occupation absurde, mais pleine de voluptueux enchantements. Sous les maillots qui voudraient être du plâtre, on sent je ne sais quelle palpitation de chair. Et puis c'est le plus merveilleux des rêves, celui même d'Endymion, que les Immortelles descendues parmi nous et le souffle animant les glorieuses chimères de notre esprit. La splendeur des marbres s'humanisant au seuil des Olympes abaissés et la tiédeur sacrée du sang sous l'apparente rigidité des formes. Que faut-il de plus, pour charmer profondément et caresser la flèche hautaine des immortels désirs.

Le premier acte muet de l'*Apothéose de Gailhard* s'achevait dans un religieux silence. Ce que l'éminent et sympathique impresario vous avait une façon de tenir sa lyre! La Musique et l'Orthographe étaient à genoux, l'une à sa dextre, l'autre à sa sinistre, les mains tendues, implorant sans doute un son de sa voix de baryton. Au-dessus planait la Poésie ingénieusement suspendue par un truc. Oh! la belle fille, mes enfants, et que la Poésie mérite vraiment d'être aimée. Vingt ans au plus, une admirable plénitude des formes, toutes les fermetés adolescentes qu'un souffle de maturité remplit, l'immortelle image de la Vigueur et de la Jeunesse. Et se montrant de dos surtout, elle avait une jambe levée en arrière, comme on figure le pied ailé de Mercure et qui semblait la tige d'une énorme fleur de chair — elle avait initié la foule aux plus admirables développements que puissent imaginer les pâles fervents eux-mêmes de la callipygie. Ah! si le maillot violemment tendu sur cette rose de marbae eût craqué!...

— C'est le moment! fis-je à mon ami.

Et mon naïf O'Kelvan, tirant sournoisement un

globule de son étui, le fit tomber à miracle, juste sous le centre de gravité de Gaillard.

J'attendais, pour voir la tête que ferait mon savant, quand tout changerait de place, malgré ses audacieuses prévisions.

J'attendais... J'attendais toujours. Plusieurs fois déjà le signal de la transformation avait été donné. Rien ne bougeait. On entendait des grognements désespérés dans les coulisses. Les artistes semblaient crispés douloureusement dans leurs poses. Une impatience et une angoisse indicible étaient dans leurs yeux fixes.

Je commençais, moi-même, à être plus abasourdi que personne.

Mes pilules purgatives auraient-elles, par enchantement, la même vertu que les globules anesthésiantes d'O'Kelvan.

Seul celui-ci triomphait ! Seul, il riait aux larmes, le facétieux !

Un monde d'idées me hanta, une sorte d'affolement. Les pauvres diables étaient toujours là, grimaçants et immobiles. Je me rappelais les expériences du docteur Luiz, qui donne un pouvoir réel à d'imaginaires médicaments. J'assistais à un phénomène de suggestion. C'était cela ! L'intensité de volonté de cette bourrique d'OKelvan transformait des néants en de formidables remèdes ! Ah! il n'y avait plus à douter.

Désespérant de rompre l'enchantement, le directeur fit baisser la toile, au grand mécontentement du public qui réclama son argent.

— Eh bien ! me dit O'Kelvan triomphant.

Doutes-tu encore ? Ah ! mon ami, que je me suis amusé.

Sa gaieté me faisait mal. J'étais mal à mon aise devant lui.

— Bonsoir ! lui dis-je brusquement.

IV

Je ne vous veux pas laisser sous une impression de merveilleux. J'eus, dès le lendemain, l'explication très naturelle du miracle. J'avais obtenu un rendez-vous de la superbe créature qui représentait la Poésie.

— Quelle aventure hier soir ! lui dis-je en l'abordant.

— Ne m'en parlez pas, dit-elle. La transformation ne pouvait se faire sans mon concours et il m'était impossible de le prêter. Il m'a donc fallu arrêter tous les mouvements du groupe, le mien devant partir le premier.

— Comment cela ?

— Il eût fallu me retourner et mon maillot s'était si complètement ouvert qu'on m'eût vu complètement le derrière à nu. Vous jugez d'ici le scandale !

— Et l'admiration aussi ! ajoutai-je galamment.

La jeune femme était rêveuse.

— Au fait, fit-elle mélancoliquement, quand les choses se mettent à clocher, tout va mal. Aviez-vous remarqué le petit enfant qui représente l'Amour et dépose une couronne de roses aux pieds de M. Gailhard ?

— Moins que vous, ma charmante.

— Eh bien ! le pauvre petit a bêtement croqué un bonbon qu'il avait trouvé à terre, et il a failli mourir de coliques, cette nuit.

Ma pilule purgative ! pensai-je, et un remords vague me mordilla le cœur.

— Que vous êtes admirablement belle, Madame ! fis-je, en tombant aux genoux de la Poésie.

LIBELLULLE

LIBELLULE

I

De même taille et d'embonpoint égal, en apparence; l'embonpoint qui n'est encore qu'une promesse et comme une fleur en bouton, — car elles pouvaient avoir seize ans l'une et l'autre, — par ce beau matin de juillet tout ensoleillé où les brins d'herbe ployaient encore sous d'humides diamants, dans l'épanouissement des roses au cœur éploré, par les allées étroites du jardin que bordait une double et odorante floraison d'œillets, semblaient-elles, elles-mêmes, deux rayons d'aurore, deux rayons pareils ou deux papillons jumeaux mêlant, sur la même fleur, le velours vivant de leurs ailes. Églé était blonde à tromper les abeilles : Delphine brune à réveiller les phalènes. Et, par le même souffle dispersées, cette lumière d'or et cette ombre d'azur jouaient sur leurs épaules collées l'une à l'autre, le bras d'Églé étant posé, caressant et blanc, autour de la taille de Delphine. Et elles se parlaient de si près, pour se dire de si folles choses, à en juger par l'éclat vibrant de leur rire, que leurs bouches se touchaient presque comme leurs chevelures. Ou bien c'étaient de petits recueillements où elles s'arrêtaient pour se regarder les yeux dans les yeux : Églé de toute l'ardeur fauve de ses prunelles claires où, comme dans une source, tremblait un sable d'or ; Delphine de toute la mélancolique douceur de ses regards de brune, dans l'inquiet tressaillement des longs cils courbés comme des roseaux. Leurs mains se cherchaient alors et se posaient sur le bras l'une de l'autre, légères et blanches comme des flocons de neige, mais avec une pression affectueuse, et le spectacle qu'elles donnaient ainsi était le plus charmant du monde ; leurs deux grâces étaient faites pour se marier ainsi dans un riant tableau. Le recueillement des choses était grand et comme solennel autour de leur tendresse et le double parfum de leur jeunesse mettait une ivresse dans la vague senteur montant des parterres mouillés. La chanson des oiseaux avait des airs d'épithalame ; le jet d'eau s'émiettait, de bien haut, dans le bassin, avec des sanglots de délivrance, et tout souriait à ce couple de jeunes filles enlacées, pour une promenade sans but, sous les fraternelles splendeurs de tout ce qui se réveille pour s'aimer.

— Alors?...

Non, Messeigneurs. Jamais le nom sacré de Lesbos n'a fait trembler ma plume toute aux viriles amours. Celles que Baudelaire appelait les Femmes damnées ne m'inspirent ni curiosité ni malédiction, tout au plus une admiration vague pour l'Idéal de Beauté qu'elles préfèrent au nôtre. Car si je me concevais, un seul instant, le cœur et les yeux d'une femme, c'est sans doute à une femme qu'iraient mes hommages et mes vers. En attendant, je me résigne à mon infamie secrète, à la honte d'appartenir à la plus laide moitié de notre espèce et c'est en esclave que j'ai chanté et adoré la splendeur de l'autre.

Tout équivoque est donc loin de ma pensée et je proclame que rien n'était plus innocent et plus chaste au monde que l'affection d'enfance qui unissait mademoiselle Eglé de Fontange à mademoiselle Delphine de Miriflor, appartenant toutes deux à de vieilles familles où l'on ne connaissait, de Sapho, que sa chute du haut d'un promontoire. Mais vous n'empêcherez jamais les jeunes personnes de leur âge d'être infiniment caressantes entre elles et pleines de menues câlineries, voire de fougueuses intimités qui donnent le change aux imaginations doucement perverses.

Tout à coup, et après des mots murmurés si bas

que je n'en puis rien saisir, Églé s'écrie avec un petit air de bouderie :

— Je te dis que c'est le mien qui est le plus gros, na !

II

— De quoi parlaient, s'il vous plaît, ces demoiselles ?

Vous le devinerez, bonnes gens, quand je vous aurai fait une confidence où je n'altère, en rien, la plus stricte vérité. Au temps où j'étais un des plus redoutables écumeurs de la Seine, ayant yole et norvégienne sur les eaux, je remisais mes appareils de canotage dans de petites cabines entourant un établissement de bains froids, lequel, deux fois par semaine, appartenait aux dames, de deux heures à six heures. J'en profitais pour aller chercher mes avirons et aussi pour goûter longuement le spectacle qui m'était donné par un trou que j'avais percé avec une cheville dans la cloison. Je ne vous dirai pas où cela se passait. Si l'une des dames qui habitaient cette localité, en ce temps-là, venait à me lire, elle serait très marrie d'apprendre que je connais son pétard comme mon alphabet. C'est pourtant la pure vérité, madame. J'en ai vu là de toutes les dimensions et de toutes les formes, variant de la pomme reinette à la poire duchesse, et même des cantalous et même des potirons. Je pourrais faire un cours sur la postériorité féminine de ce petit port de rivière. Que cela fût le comble de la discrétion, ce n'est pas le lieu de le discuter.

J'en viens à ma remarque essentielle. C'est un objet dont les femmes qui se connaissent parlent très souvent entre elles et qui inspire des plaisanteries charmantes à celles qui sont naturellement gaies. Et ce qu'elles mettent d'amour-propre à l'avoir copieux! C'est là vraiment que gît la vanité des dames. Vous les offenserez moins en les trouvant bêtes comme des oies qu'en insinuant qu'elles sont assises insuffisamment. Il n'en est pas une qui ne donnerait tout l'esprit de madame de Maintenon pour une once de derrière. Et je suis absolument de leur avis. Que mes lectrices ne prennent donc pas de grands airs quand je reviens à ce sujet fondamental. Durant mes expériences de marin, j'ai constaté qu'il les occupait tout autant et même plus que moi. Et maintenant vous savez de quoi parlait la boudeuse Églé quand elle disait à Delphine :

— Je te dis que c'est le mien qui est le plus gros, na !

— Je te parie bien que non, se contenta de répondre avec un orgueil résigné sa compagne.

Et toutes deux, en se querellant mignonnement, comme des fauvettes autour d'un bouquet de cerises, sortirent du jardin, par une porte à clairvoie qui déchira, en s'ouvrant, des volubilis et des capucines, pour gagner le petit bois voisin, un coin de taillis merveilleux et avec des chemins de mousse, où le jour n'arrivait qu'en se teignant d'émeraude, mystérieux comme un temple, véritable luccos antique où l'image des naïades et des nymphes devait s'égarer la nuit sous l'évocation mélancolique des étoiles.

C'est l'ombre, sans doute, qu'elles y allaient chercher, le soleil ayant gravi déjà les premières marches pourprées qui mènent vers la gloire des zéniths. Peut-être encore voulaient-elles y être seules, en quoi elles se berçaient d'un chimérique espoir. Car il y avait trois heures déjà que le jeune et célèbre botaniste écossais Jonathan Mac Ekett explorait cette forêt en miniature, blotti tantôt sous un arbre, tantôt sous un autre, son filet meurtrier à la main, guettant une variété de libellule dorée dont on lui avait signalé la présence dans la contrée et qui manquait à sa collection. Millionnaire, gentleman, érudit, sir Jonathan Mac Ekett était certainement un des hommes les plus connus. Un peu raide au premier abord. Mais cela lui seyait bien.

III

Elles étaient parvenues à une façon de petit carrefour de verdure où des enlacements de lierre autour d'arbres tombés faisaient des sièges moelleux et naturels.

— Ah! mon Dieu? fit tout à coup Eglé, avec un petit cri de douleur.

— Qu'as-tu? ma chérie! fit Delphine en se précipitant vers elle.

— Une bête qui m'a piquée!

— Où, mon Dieu?

— Là.

— Permets?

Et déjà Delphine ayant soulevé sur les épaules

de son amie le léger peignoir qui composait sa toilette matinale, avait rabattu les jupes, mis au vent la chemise et regardait dans la direction indiquée.

— Je ne vois rien, dit-elle avec infiniment de sérieux.

Eglé se mit à rire comme une folle.

— Rien, vraiment, ma Delphine ! Eh bien tu es difficile. Es-tu convaincue, maintenant ?

— Alors, c'était une plaisanterie et c'était pour me montrer... ?

— Oui, mademoiselle, rendez-vous les armes maintenant ?

D'un ton plein de dignité, Delphine répondit :
— Pas encore.

— Avec un pudeur douce, elle effectua le même déshabillé partiel que son amie et se retournant, les yeux baissés, elle lui dit :

— Regarde !

— Hum ! fit Eglé surprise. Cela peut se discuter, en effet. Mais j'en veux avoir le cœur net. Mesurons.

Elles cueillirent, en riant, de longs brins d'herbe et, tour à tour, firent comme les tailleurs, s'agenouillant l'une devant l'autre, s'enfermant dans ce mètre végétal ; au-dessus des cuisses d'abord, puis plus haut, puis obliquement et en croisant, marquant ensuite des entailles avec l'ongle là où le cercle s'était fermé. Un roitelet, qui avait eu le bon esprit de ne pas fuir à leur approche, prit un plaisir extrême à cette commande de pantalon. Collé à l'écorce d'un chêne, comme font ces menus oiseaux dont la jolie tête hérissée est traversée d'un cercle d'or, celui-ci roulait de petits yeux noirs, comme des perles de jais. Et, de fait, rien n'était plus charmant que cette double botte de lis et de roses que les jolies mains d'une jardinière de Watteau semblaient lier. *Arcades ambo*, dirai-je de ces deux bouquets. Et je n'ajouterai pas comme Virgile : *Ambo cantare periti !*

L'épreuve ne fut pas concluante. Ces demoiselles s'accusèrent réciproquement d'erreur, puis même de tricherie, mais toujours en riant, gentiment, sans se fâcher, sans effaroucher le roitelet.

On recommença, en ayant enlevé tout à fait le peignoir et en ne gardant qu'un soupçon de chemise.

La solitude et le silence étaient si grands sous ces feuillages qu'un invisible zéphyr faisait trembler à peine. Le bourdonnement d'un insecte quelquefois et un bourdon magnifique usant son pourpoint de velours au cœur chiffonné de quelque rose sauvage. Puis un balancement imperceptible de l'image brune et innombrable des feuilles se découpant sur les verts tendres du sol.

Eglée était décidément une obstinée. Elle accentua son refrain :

— Je te dis que le mien est le plus gros, na !

IV

—Allons à la source, fit Delphine avec beaucoup de sagesse dans l'accent. Nous nous mettrons sur le bord, à côté l'une de l'autre, et nous regarderons par derrière, dans l'eau ; nous verrons bien !

— Soit ! fit Eglé, en ramassant les peignoirs, les jupes et les ombrelles.

Exquise vraiment, cette source avec son lit de sable sonore, sourdant des profondeurs avec un remous serpentin venant mourir à la surface. Au bord, des iris jaunes, qui durent aussi longtemps que les autres, et ressemblent aux lis hiératiques des écussons ; et, au pied des iris, des nénuphars à la prunelle d'or, aux pétales épais comme des fleurs de marbre, mais d'un marbre vivant et pareil à celui de la chair des vierges ; plus loin encore, des lentisques s'éparpillant comme la bourse qu'un prodigue eût jetée par la fenêtre. Sous cette double paupière de plantes effilées, l'œil clair et transparent de la source où descendait, par une éclaircie des frondaisons, un peu de l'image du ciel. Une image plus charmante encore allait y descendre aussi.

Déjà, en effet, en ligne comme deux soldats qu'un caporal commande, débarrassées même de leur chemise, Eglé et Delphine ont fait face... non ! pile au miroir naturel dont elles invoquent le témoignage.

— Ah !

C'est une libellule admirable, aux ailes d'azur sombre et transparent, au corselet d'or, qui s'est posée plus bas que les reins d'Eglé.

En même temps, un filet à papillon, violemment jeté, s'abat sur l'insecte et sur son trône de neige. Mais l'insecte s'échappe. C'est sur le séant de Delphine qu'il se pose maintenant et que le filet s'abaisse une seconde fois, pour l'emprisonner définitivement.

Tout cela n'avait pas duré une seconde. Son chapeau d'une main, la libellule de l'autre, dont il avait saisi les ailes, en parfait gentilhomme sir Jonathan Mac Ekett balbutiait des excuses.

— C'est une indignité, monsieur, fit Eglé en courant à ses jupes.

C'est une horreur, monsieur, s'écria Delphine en se coulant nerveusement dans sa chemise.

— Mademoiselle, fit le noble Écossais, sur un ton sérieux, vous me pardonnerez quand je vous aurai apporté la solution de la question qui vous préoccupait l'une et l'autre et dont j'ai suivi toutes les péripéties avec un intérêt qui a failli me distraire de ma chasse. Il est certain que le plus gros des deux estimables globes que vous m'avez fait l'honneur de mesurer devant moi est celui que mon filet n'a pu envelopper tout entier et où il s'est collé assez étroitement sans laisser de place au passage de l'insecte captif.

Et s'inclinant devant Delphine avec infiniment de courtoisie :

— Je dois à la vérité de déclarer, mademoiselle, que c'est le vôtre et que le prix disputé vous appartient.

Très flattée, au fond, Delphine lui adressa un sourire de pardon reconnaissant.

Mais Eglé furieuse :

— Eh bien, alors ! fit-elle avec des larmes de colère dans la voix, je te dis que c'est le mien qui est le plus dur, na !

— Miss, reprit Mac-Ekett avec un respectueux salut, c'est un point que j'étudierai encore avec vous quand il vous plaira.

Et, dans une odieuse petite boîte de fer-blanc, il enferma la libellule.

MON EXPOSITION

MON EXPOSITION

J'arrive en retard vraisemblablement pour faire agréer mes produits aux commissions qui ont réalisé les merveilles du Champ-de-Mars. Mais on m'assure qu'avant quinze jours encore, l'Exposition n'aura pas battu son plein. Il est possible d'ailleurs que certaines autorisations soient retirées et que les constructions destinées à révéler aux étrangers l'art dramatique contemporain sous les formes les moins élevées, reçoivent une autre destination. Ça ferait une place inattendue et tout à fait propice à l'éclosion de mon idée. J'avais conçu celle-ci dans un des coins affectés à la science, devant les étonnantes collections anthropologiques où tous les types des races sont réalisés en cire et en carton. Puis elle s'était développée et avait pris les couleurs aimables d'un rêve dans ce décor d'Extrême-Orient où quatre petites filles, pareilles à des idoles, les cheveux enroulés autour d'un casque d'or, la jambe entourée jusqu'au genou seulement d'un lambeau brodé d'hyacinthe, avec des gestes très lents, donnant des mouvements de couleuvre à leur ceinture de soie rose, semblant de petits bronzes antiques trop lavés et qui s'animeraient soudain, exécutent des danses religieuses dans un susurrement de cordes que scandent les soupirs du cuivre, — troublantes visions, s'il en fut, hiératiques images descendues de quelque vase ancien. Il y a, à la fois, du serpent et de l'oiseau dans ces étranges petites créatures. De la femme, il y a très peu. Une terreur mystérieuse est au fond de leur charme empoisonné. Elles viennent des terres où le soleil fait monter aux sèves des plantes de subtils venins. Leurs chairs aux reflets d'olive et d'ambre, n'attirent pas la chair de nos races. Nous ne chercherons pas, sur ces petites lèvres brunes s'ouvrant sur des dents de fauves, la rose divine qui fleurit aux lèvres de nos amies. Ce n'en est pas moins un spectacle exquis et presque douloureux, dans sa fantaisie. Car ces petites exilées toussent déjà et c'est grand pitié que de les voir passer près de nous — elles ont d'adorables petits pieds — dans les salles humides toutes frileuses sous le méchant fichu qu'on ramène sur leurs épaules de cuivre sombre.

Il y a là, n'est-ce pas, un fragment intéressant d'une ménagerie humaine.

Eh bien, mon idée, à moi, ce serait de montrer la ménagerie tout entière, dans des cages solidement installées, s'entend, et où les animaux ne feraient courir aucun danger au public.

Je vous entends vous récrier déjà. Des hommes derrière des barreaux comme de simples chimpanzés ! Fi ! quelle horreur ! Et les immortels principes ! Et le serment du Jeu de Paume ! Et la Charte ! Et le suffrage universel !

Ne vous hâtez pas trop de m'accuser d'un retour à la barbarie.

D'abord, il y a tout un monde de pauvres diables qui ne jouissent que médiocrement de tous les biens patiemment conquis par le lion populaire, tous ceux, par exemple, qu'une peccadille a rejetés du sein de la société dans les beautés du régime pénitentiaire. Entre une cellule et une épinette, je préférerais franchement l'épinette ; on y a plus d'aise et de distraction. J'avoue donc que ma première pensée avait été de demander les sujets, nécessaires à l'exécution de mon projet, aux prisons qui m'en auraient pu fournir de toutes les classes sociales, voire même les plus libérales professions et les mieux considérées, le notariat, par exemple, qui vient de nous offrir un nouveau Mary Cliquet. Si le notariat persiste dans cette voie fâcheuse, tout le théâtre de Scribe sera à refaire. Ce n'est pas d'ailleurs, moi qui m'en plaindrai. Jamais, à aucune époque, dis-je, les maisons centrales n'ont été mieux fréquentées. Ce sont des façons de cercles où l'on ne joue pas et dont on sort maintenant sans grand embarras, le front haut, en gens étonnés eux-mêmes d'avoir payé une dette.

Ce mode de recrutement de ma ménagerie était donc le plus pratique du monde. J'y ai cependant renoncé rapidement. Bien qu'on les nourrisse de primeurs et qu'on ait pour eux mille attentions délicates, certains prisonniers ont cependant le caractère aigri et assassinent, quand ils le peuvent, leurs gardiens pour obtenir une peine beaucoup plus déshonorante, mais certes plus agréable à subir. Car c'est une des beautés de nos lois actuelles qu'un homme soit effectivement moins puni d'un gros crime que d'une faute légère. D'un cercle un peu mêlé, j'en conviens, on vous expédie maintenant dans un casino par delà les mers, sous un climat délicieux et dans un milieu qui n'est plus profané par la présence de coquins de petite marque. Mais je reviens aux hôtes des prisons dont j'avais voulu d'abord faire mes pensionnaires. Des esprits chagrins prétendent que la promiscuité où ils ont vécu ne les rend plus présentables en bonne compagnie. Or, c'est pour celle-là seulement que je travaille.

C'est donc au monde même que j'ai pris le parti de demander les échantillons de mon espèce utiles à présenter aux visiteurs de l'Exposition universelle venus des quatre coins du monde (lequel n'a pas de coin) pour s'édifier sur les progrès contemporains.

Vous allez me demander comment je trouverai des gens disposés à venir figurer bénévolement dans ma vivante collection ? Oh ! bien simplement. J'offrirai à mes clients le même avantage que les autres dompteurs : le logement et la nourriture à mes frais.

Et vous croyez que cela n'est rien, à un moment où le beurre et le sucre commencent à se vendre au poids de l'or et de l'argent ! Mais le renchérissement des denrées et des loyers est fait pour remplir mes cages en une heure. Les millionnaires eux-mêmes s'y précipiteront. Car vous avez dû remarquer qu'on ne devient millionnaire que grâce à une sordide économie.

A ce traitement gratuit, je ne mettrai qu'une condition essentielle. Destinés à instruire sérieusement le public, mes pensionnaires se montreront dans la sincérité de leurs habitudes familières, physiquement habillés à cause de la décence, mais moralement nus. Ce sera charmant. Vous verrez, dans mes cages, le doux épicier sophistiquer paisiblement, sous la protection de mes gardiens, les nourritures qui nous doivent lentement empoisonner ; le précieux apothicaire remplacer par de l'eau claire les solutions trop coûteuses prescrites par la médecine ; le médecin lui-même étudier un cas grave, en faisant une partie de bésigue avec le confrère coûteux appelé en consultation ; l'avocat chercher au fond d'un bock les arguments de sa prochaine plaidoirie ; l'huissier ajouter le chiffre du quantième à celui de ses frais ; le restaurateur composer cette fameuse sauce brune qui donne au saumon le goût du gigot ; l'ouvrier à la journée recommencer l'œuvre immortelle de Pénélope ; les directeurs de théâtres subventionnés rançonner les artistes pour le plus grand bien de leur caisse personnelle ; les cochers boire sur le zinc l'avoine de leurs chevaux ; tout cela impunément, à l'abri des indignations intempestives, puisqu'il s'agit d'enseigner à nos nobles hôtes, venus exprès de si loin pour nous connaître, à quel point nous sommes bernés, vilipendés, dupés et ruinés par nos honnêtes compatriotes.

Et cela est autrement utile et pratique que de connaître à merveille les mœurs des lions, des ours et des serpents boas, même des buffles qui vont nous être présentés ces jours-ci. A la rigueur il suffit de ne pas aller dans les déserts qu'ils habitent pour n'en pas rencontrer. Mais tout le monde est obligé d'avoir recours aux épiciers, aux pharmaciens, aux médecins, aux avocats, aux huissiers, aux restaurateurs, aux journalistes, aux cochers et même aux directeurs de théâtres subventionnés, quand on a le malheureux goût du spectacle.

Tous mes compliments au savant docteur Taupinard pour ces superbes écorchés de toutes les races. Mais l'homme encore vêtu de sa peau est autrement dangereux et intéressant à connaître que réduit à l'état de pièce anatomique. C'est ce qu'avait prudemment pensé Apollon en écorchant Marsyas pour le rendre inoffensif. Et tous mes compliments aussi aux barnums des petits idoles de Java. Mais il serait plus utile de révéler aux étrangers nos propres petites dames, qui sont d'ailleurs pleines de bonne volonté pour s'exhiber elles-mêmes.

Aussi ai-je gardé à la courtisane une cage spéciale à côté de l'homme politique. Et ce n'est pas un rapprochement fortuit. Les deux carrières se ressemblent de si près et la similitude est si grande entre les travaux de ces deux bêtes importantes et particulièrement féroces. Même souplesse dans les reins et même clémence aux coups de pied qui atteignent plus bas. Même indifférence à la nature de la proie, tant l'appétit est insatiable et vorace ; même moyen : le mensonge. Même but : vivre aux dépens d'autrui. Il s'en faut cependant beaucoup que je les confonde dans la même déconsidération. Celle-ci a sur celui-là l'avantage de la beauté. Gibier pour gibier, il vaut mieux l'être de son plaisir que de l'ambition des autres. Même chez la maîtresse vénale, le mensonge s'appelle encore le baiser, et le charme des enlacements demeure sous leur imposture. Bonnes gens, détournez-vous bien vite de l'enclos grillé où clame mon faiseur de programmes humanitaires. Tout à côté, derrière des barreaux où grimpe l'immortelle caresse des fleurs, la petite fille de Phryné sourit dans sa nudité divine et mêle à celui des roses le parfum vivant de sa chair, langoureuse et le front noyé encore dans l'ébouriffement récent de sa chevelure, les seins meurtris des dernières délices, le corps tout frôlé d'amour et de frissons. Elle vous dira des mots qu'elle a dits à d'autres et vous gémirez, dans ses bras, des sanglots déjà connus. Qu'importe ! C'est aussi la cage de ma ménagerie où je vous engagerai à vous arrêter le plus longtemps quand j'aurai obtenu de l'administration, qui compète à ces sortes de choses, l'autorisation qu'elle ne saurait me refuser de compléter aussi utilement les merveilles de l'Exposition de 1889.

LE LILAS BLANC

LE LILAS BLANC

I

L'offrande d'un bouquet peut, seule, me faire pardonner, madame, l'histoire incongrue que j'ai contée l'autre jour et qui vous a mise, je le devine, dans une indignation profonde contre moi. Mais aussi pourquoi êtes-vous plus charmante encore, quand vous êtes furieuse? Des éclairs passent alors dans l'améthiste de vos yeux si brillants, et, secouée par des frissons azurés, votre belle chevelure est comme une mer nocturne sous la caresse phosphorescente du vent.

Je veux cependant rentrer en grâce. Car vous êtes adorable aussi quand un sourire semble égrener des gouttes de lait dans la corolle fleurie de vos lèvres et quand votre beau regard s'attendrit. Je parviendrai, j'imagine, à vous plaire en parlant de fleurs, à vous qui êtes une exilée du paradis comme elles. Je choisis le lilas blanc aux mille clochettes parfumées sonnant le glas des derniers mauvais jours, durant les messes aurorales du printemps où l'encens monte des violettes. Il est presque aussi virginal que le lys, sans comporter cependant le même emblème de pureté immaculée qui conviendrait mal à la nature de ma passion pour vous. Car elle ne ressemble en rien au culte qu'on doit aux madones. Je vous mentirais absolument en voulant vous faire accroire, par un symbolique présent, que je ne souhaite pas les charmes de votre corps au même point que les grâces de votre âme, et que je suis indifférent aux tentantes ondulations de vos hanches, et que je n'appète pas concupiscemment l'honneur de tutoyer des mains votre séant magnifique. Je ne veux pas me faire meilleur que je ne le suis, ni plus parfait.

Et comme vous êtes suprêmement distinguée, je veux vous conduire aujourd'hui dans un monde absolument comme il faut; car vous m'avez reproché aussi de fréquenter trop volontiers chez les petites gens, telles que les huissiers et que les apothicaires. Voilà ou m'a conduit, madame, l'abus du commerce des droits de l'homme et du citoyen. Je suis devenu affreusement démocrate. Il a fallu me retenir pour m'empêcher d'aller au Centenaire de Versailles. Le Jeu de Paume me démangeait à celles des mains. A vos pieds, néanmoins, j'abjure cette condescendance pour les couches dites inférieures par celles qui sont au-dessus, et je vous mènerai en pleine aristocratie, dans le salon hanté de noblesse de la jolie baronne de Primevesse, où ce qui reste du Tiers-État est à peine reçu. Pour y pénétrer moi-même, j'ai dû me faire appeler comte Silvestre de Moulin-Galant, du nom du village voisin de Corbeil où j'allais faire des orgies de pain d'épice dans ma prime jeunesse. Et j'ai le regret de vous dire que chez la baronne, on m'appelle de Moulin-Galant, tout simplement. Vous voilà, je l'espère, dans votre milieu! Que je serais heureux, madame, d'en pouvoir dire autant!

II

Donc, les plus élégantes toilettes circulent dans les pièces splendidement éclairées. Les épaules nues prennent des reflets délicieusement nacrés sous les girandoles; l'*odor di femina* y passe dans l'haleine des roses mourantes dans les corsages, et c'est, aux oreilles roses comme des coquillages aussi bien qu'aux doigts fuselés comme un clair ivoire, un scintillement de pierreries, une constellation tout entière entrée par les fenêtres sur l'aile des phalènes, et tombée, sans aucun doute, du ciel, un instant auparavant. Ne vous demandez plus, ni aux astrologues, où vont les étoiles filantes. Elles enferment leur feu dans quelque diamant obscur pour revivre au ciel vivant d'une parure, sur le velours d'une joue ou dans l'étreinte d'un anneau d'or. C'est ainsi que Danaé n'est pas morte.

Et, tandis que l'âme grisante d'une valse emporte les têtes et les cœurs dans le tourbillon des pas, comparable aussi à la loi céleste dont la révolution des astres est guidée dans l'espace — car c'est une valse éternelle que dansent les planètes là-haut — le maître de céans — que ne suis-je, madame, celui du vôtre ! — le noble baron de Primevesse, dont l'arbalète rata, aux Croisades, en 1183, et dont le petit-fils, Esprit-Thomas de Primevesse, eût tué un Huguenot de distinction, à la Saint-Barthélemy, si son arquebuse n'avait déplorablement fusé; illustre encore par son petit-neveu Jérôme de Primevesse, inventeur de la poudre d'escampette, certainement moins dangereuse que l'autre dans les combats; le baron, dis-je, cause au coin de la haute cheminée, tout en bâfrant un sandwich, avec le vidame de Sipoulet, dont un gardenia fleurit la boutonnière.

— Jamais je ne vous remercierai assez, mon cher vidame, de m'avoir fait connaître votre ami le capitaine des Andouillettes. C'est certainement, après le comte de Moulin-Galant (c'est de moi qu'il parle), le gentilhomme le plus accompli que j'aie rencontré jamais.

— N'est-ce pas ? Mais ne viendra-t-il pas ce soir ?

— J'espère bien que si. Ma femme ne lui pardonnerait pas de manquer à sa soirée, la première à laquelle nous ayons eu l'honneur de l'engager.

— C'est tout à fait un charmeur, mon cher Primevesse.

— Auprès des femmes, n'est-ce pas?

— Oui, auprès des femmes. Un amoureux tout à fait curieux, et maniaque déjà.

— Comment, maniaque ?

— Oui, procédant par principes, comme un conquérant qui assiège les villes avec une méthode sûre, et les traite toutes de même façon dès qu'elles se sont rendues.

— Asseyons-nous donc, vidame. Vous me conterez ça plus à l'aise dans un petit coin. Je sens que je l'aimerai beaucoup, ce capitaine. Tout respire, en lui, la franchise et la courtoisie. Ah! je pardonne volontiers aux femmes qui trompent pour lui leurs imbéciles de maris. Tiens! madame ma femme qui danse une fois encore avec le marquis de Trouducé! Drôle de goût! J'aurai l'œil sur eux; ma femme a été dehors toute la journée. Mais, de grâce, parlez-moi encore du capitaine.

Et leurs chaises se rapprochèrent davantage encore.

III

— Le capitaine des Andouillettes, poursuivit le vidame de Sipoulet, mène un peu la guerre amoureuse comme on la menait autrefois.

— A la hussarde, n'est-ce pas? Il a joliment raison. Avant de me marier, je ne procédais pas autrement moi-même. Parions que ça lui réussit à merveille.

— Le plus souvent. Il m'a confessé avoir reçu cependant trois gifles. Mais, réparties sur quinze années d'une carrière d'impertinences, à raison d'une au moins par jour, ce n'est pas une proportion humiliante et qui fasse supposer que Lucrèce et Cornélie pullulent dans le monde féminin contemporain. A ces trois exceptions près, il a pu mener toutes ses impertinences à bonne fin.

— Voyez-vous, le gaillard !

— Et il n'en demandait pas davantage. Ce n'est pas un de ces obstinés militaires qui s'acharnent à leurs conquêtes et y veulent installer des protectorats. Personne n'est moins colonisateur que lui. Il vous plante son drapeau en pays soumis, et houp ! il passe à une nouvelle victoire. La province voudrait bien quelquefois s'annexer ; mais il n'entend pas de cette oreille. N, I, ni, c'est fini. Tous mes compliments, madame ! Beaucoup de valeur ! je m'y connais. Adieu !

— Quel sublime philosophe, mon cher Sipoulet !

— Et vous savez, mon cher Primevesse, pour toutes la même formule, et le même cadeau.

— Ah ! il fait un présent ?

— Comme on lâche la bombe d'adieu à la fin du feu d'artifice, un magnifique bouquet de lilas blanc, en toute saison, qu'il envoie sans commentaire, avec sa carte seulement. Ça veut dire : « Nous ne nous reverrons jamais. »

— Mais ça veut dire aussi : « Nous nous sommes vus un moment ? »

— Je vous crois, Primevesse ! Le capitaine des Andouillettes est un galant cavalier, mais il n'est pas prodigue. Il ne dit jamais ses actions de grâces qu'après avoir dit la messe. Vous m'entendez?

— Parfaitement. Alors, quand un bouquet comme ça arrive, de sa part, dans une famille, on sait à quoi s'en tenir.

— Ceux qui le connaissent seulement. Moi, par exemple, qui suis au courant de ses habitudes. Mais quel est ce brouhaha, baron? La baronne se trouverait-elle mal? Comme on s'empresse autour d'elle! Mais non! Elle pousse, au contraire, des cris d'admiration joyeuse. Tout le monde fait chorus. Quelque surprise de votre charmante soirée, sans doute; quelque rafraîchissement nouveau?

Les deux hommes s'étaient levés et dirigés vers un groupe très compact d'habits noirs, vus de dos.

Madame la baronne de Primevesse s'extasiait devant une magnifique botte de lilas blanc, foisonnante et parfumée. Une floraison de neige, une poussière de lys sur un flot de rubans. Et tous ses invités s'extasiaient comme elle. Dès qu'elle aperçut son mari :

— Mon ami, fit-elle, voyez l'admirable bouquet que je viens de recevoir.

Et, tirant du flot de rubans une carte :

— C'est du capitaine des Andouillettes.

Et, dans sa joie, prenant doucement le bras du baron abasourdi :

— Avouez, baron, qu'on ne saurait être plus galant!

L'OMBRE CHEVALIER

L'OMBRE CHEVALIER

A Paul Arène

I

Au temps de mes soirées agrestes et de mes idylliques plaisirs, quand mon glorieux bateau *Le Laripète*, mouillait dans les eaux de la Grande Jatte, où mon savant ami Du Cleusiou vient de découvrir un dolmen, avant que le comédien Silvain eût dépeuplé la rivière poissonneuse, aidé par les malpropretés qu'y déverse Paris, j'étais un grand pêcheur à la ligne devant l'Eternel. On m'avait surnommé le tombeau des gardons entre Courbevoie et Saint-Ouen. On me commandait des fritures dans le voisinage. Je fendais le flot, dès l'aube, sous le manteau frileux des brouillards que déchirait la lance de feu du soleil, ouvrant dans le ciel, aussi bien que dans son pourpoint de vapeur, une formidable et rouge blessure. Dans ce décor majestueux, je m'asseyais à l'avant du canot rivé au fond par une grosse pierre et je donnais le signal de la Saint-Barthélemy, au son de l'*Angelus* que sonnaient des cloches qui n'étaient pourtant pas celles de Saint-Germain-l'Auxerrois. Le gardon effaré par ma seule approche fuyait-il l'hameçon? Sans rancune, je m'étendais tout de mon long, ma ligne repliée, pensant aux amoureuses qui, elles aussi, m'avaient quitté, et de mélancoliques chansons me bourdonnaient certainement aux oreilles, que j'ai recueillies en volumes pour faire la fortune de l'éditeur Charpentier, durant que l'aile sonore et transparente des libellules au corselet bleu faisait un fond exquis d'orchestre à l'éclosion de mes propres mélodies.

En ce temps-là, les deux grandes dates de l'année étaient certainement celles de l'ouverture et de la fermeture de la pêche. C'est un véritable *super flumina Babylonis* qui se lamentait en moi durant ces trois mois de promenade platonique sur la rivière que l'Etat consacre à protéger les amours des poissons, occupation bien indigne à mon avis d'une aussi grave personne que l'Etat. Est-ce une attitude, pour un fonctionnariat aussi solennel que le nôtre, que faire sentinelle à la porte du cabinet particulier où les goujons et leurs maîtresses se donnent rendez-vous, au printemps, dans le seul but d'empêcher qu'on les dérange? C'est une sollicitude de complaisant et des façons de proxénètes que je trouve absolument immorales. Mais comme je suis un citoyen respectueux des lois, je me soumettais sans me démettre. Mélancolique à l'envi, je regardais filer les bouchons abandonnés sur l'eau, en me faisant l'illusion que c'était celui de ma ligne, et, pour peu qu'un remous les fît plonger un instant, j'avais une émotion que tous les pêcheurs à la ligne comprendront, n'ayant qu'à se souvenir.

Aujourd'hui encore, mon cœur bat à la lecture du décret qui ferme la pêche, à moi qui ne pêche plus (à la ligne, du moins, mesdames!) Je le lis avec une attention scrupuleuse, pour m'assurer que la législation n'a fait aucun progrès. Cette année-ci, comme les autres, j'ai constaté que le seul poisson auquel il fût permis, jusqu'au 15 juin, de tendre des embûches, était l'*ombre-chevalier*. Ah ça! que peut bien avoir fait ce malheureux poisson pour que ses amours soient moins respectables que celles des autres! Par quelle infamie a-t-il mérité d'être ainsi abandonné du gouvernement? L'*ombre-chevalier?* L'*ombre-chevalier?* Ce nom me trottait violemment dans la cervelle, sans rien faire vibrer dans ma mémoire.

— Avez-vous jamais vu un *ombre-chevalier?* demandai-je au plus érudit de mes confrères en piscomanie.

Il m'avoua en rougissant que non.

J'aurais voulu aussi beaucoup interviewer l'administration pour lui demander comment on s'y pourrait prendre pour reconnaître, avant de le pêcher, qu'on avait affaire à un *ombre-chevalier* ? Si cependant c'était un chevesne farceur qui s'était déguisé, pour mordre, en *ombre-chevalier*, comme certaines petites gens qui usurpent des titres pour se faufiler dans la grande société? On pourrait, il est vrai, le rejeter à l'eau, avec mépris, une fois son usurpation constatée. Mais il mourrait de la blessure faite à son amour-propre et à sa mâchoire et il ne ferait plus d'enfants, ce qui irait à l'encontre des vues protectrices de l'enfance du gouvernement!

Ah! l'existence de cet *ombre-chevalier* devenait pour moi un terrible problème.

II

C'est au point que j'en rêvais le soir, sous les pâleurs complaisantes de ma lampe alanguie, dans le demi-sommeil où les impressions de la veille persistent en se transformant. Certains mots prononcés ou médités durant la journée jouent un rôle actif dans cette fantasmagorie du cerveau.

Dans ce songe où je me sentais encore vivre, l'*ombre-chevalier* m'apparut, mais non point tel que je l'avais imaginé après la lecture du fatal décret. Ce n'était pas un poisson, mais un homme, un petit homme charmant qui portait le chapeau Louis XV sur un frisson de poudre, portait à l'épée un ruban de couleur tendre et avait les mollets emprisonnés dans d'élégants bas de soie, une boucle d'argent ciselé retenait, sur le cou-de-pied, son élégante chaussure à haut talon. Il avait l'air un peu bébête, mais si parfaitement courtois que je n'avais aucune envie de souhaiter qu'il eût plus d'esprit.

— Je suis, me dit-il, en pinçant une prise dans sa tabatière en or surmontée d'une miniature, le fantôme du dernier gentilhomme, le représentant oublié des galanteries abolies, l'amoureux au madrigal toujours chantant qui ne parlait aux dames qu'un genou en terre. Ce sont façons que vous ne connaissez plus mais qui avaient bien leur charme pour les belles. Elles n'en étaient que moins sévères à notre respect dont elles démêlaient parfaitement l'hypocrisie. Je suis devenu très rare aujourd'hui, on me signale comme une curiosité quand je passe et le gouvernement ne prend même plus la peine de sauvegarder les intérêts de ma race. On m'appelle, pour se moquer de moi, l'*ombre-chevalier*, et tout est dit.

— Chevalier, lui répondis-je, avec une émotion sincère et pleine de sympathie, croyez bien que je n'abuserai pas de la tolérance administrative pour vous traverser le palais et vous jeter dans une poêle à frire, comme j'en aurais cependant le droit. Je suis respectueux des traditions. J'ai une admiration sans bornes pour le chevalier Bayard ; je ne méprise pas le chevalier de Boufflers ; je suis même très indulgent pour le chevalier Desgrieux. Le nom que vous portez n'est donc pas pour me déplaire. Je suis sans levain démocratique dans l'âme et je vous salue de tout mon cœur, monsieur l'*ombre-chevalier!*

III

Il paraît que je ne m'intéressais pas seul à cette aimable apparition, car celle que j'aime très follement et qui, dans mon rêve, était auprès de moi, était en train déjà d'accepter le bouquet que, très galamment, lui offrait cet ancêtre au joli frac de velours. Il lui récita ensuite des vers qu'il avait composés pour elle, disait-il, et dans lesquels il l'appelait Chloris. Et, bien qu'ils fussent les plus mauvais du monde, la perfide minaudait en les écoutant et me regardait du coin sombre de son œil, avec l'air narquois de me dire : Vous n'en feriez pas autant! Après quoi, tout doucement, en enveloppant de son bras, sans presque la toucher, la taille de ma bonne amie, le roquetin l'invitait à venir sacrifier, avec lui, une colombe, au temple de Cnide, à deux pas. J'eus la curiosité de les suivre dans cette église, et je n'eus pas à m'en applaudir autrement. Ce fut mon honneur qu'on pluma sur l'autel, sous le nom de colombe, et qui se dispersa dans l'air, en neige ensanglantée, mêlé à un tourbillon bleu d'encens, se tire-bouchonnant en corne à mesure qu'il montait sous les portiques. Je comprends que le drôle trouvât le culte de son goût. Fou de colère, je saisis un numéro de la *Revue des Deux-Mondes*, qui pesait bien cinq mille kilos, pour lui en fracasser la tête. Mais, avec un sourire ironique et très impertinent, il me dit :

— Quel mal veux-tu me faire? Tu sais bien que je ne suis qu'une ombre.

Et, pour me calmer, la coupable me dit aussi :

— Il t'a dit vrai. Ce n'est qu'une ombre; mais c'est grand dommage! Car c'était, pour la femme, un temps charmant que celui où elle était ainsi adorée et conduite au suprême outrage, par un sentier tout fleuri de roses et de poésie; oui, connaissant la douceur qu'elle trouve à succomber, l'amant qui l'avait choisie, lui faisait la chute plus imprévue et plus profonde par les respects même dont il la préparait. Regarde, sur les pastels anciens, l'air souriant de nos grand'mères. Les femmes d'aujourd'hui n'ont plus cette gaieté dans le regard et sur les lèvres. Elles n'ont pas eu la surprise joyeuse d'être longuement vénérées et subitement troussées. Les amoureux d'aujourd'hui sont mélancoliques ou brutaux, tragiques ou brutalement entreprenants. On ne nous fait plus la cour. On nous endort par des lamentations ou on nous viole. Ah! quel malheur que ce chevalier ne soit qu'un spectre sans consistance au déduit! Comme je l'aurais suivie en *Idalie*, où il m'avait proposé un voyage!...

— Vous êtes une impertinente, mademoiselle! m'écriai-je.

Et si fort, que cela me réveilla. J'étais seul, près de l'agonie de ma lampe, éclairé par le scintillement clair des étoiles, à travers les vitres que battait l'aile veloutée d'une phalène. Dans le dernier sursaut de lumière que fit l'huile en crépitant, il me sembla voir s'envoler le fantôme qui venait de me faire si traîtreusement cocu.

J'allumai une bougie et je courus à mon Littré.

J'y cherchai le mot : ombre-chevalier et je trouvai : « espèce de truite. »

Comme la réalité semble mesquine quelquefois, après le vol éperdu de nos songes !

FINE REPARTIE

FINE REPARTIE

I

C'était moins pour le charme délicat de son visage que pour le charme plus exquis encore de son âme qu'il s'en était épris. Et cependant on n'eût pu rien imaginer de plus délicieux que l'ensemble correct de ses traits et l'expression candide de ses yeux bleus comme deux gouttes de ciel et aussi que l'or pâle de sa chevelure nimbant la pâleur veloutée de son teint. Un soupçon de bouche seulement, mais d'un dessin merveilleux et d'un si joli rose ! un nid de roitelets d'où les baisers devaient s'envoler avec peine. Ah ! parbleu ! il s'agit bien de baisers ! Tout était virginal et prodigieusement pur et idéal à l'envi dans cette aimable personne, malgré que la pudeur de son corsage et de ses jupes trahît des reliefs mal faits pour la contemplation mystique et fort idoines aux indiscrétions du toucher. Mais elle en semblait toute honteuse, en quoi elle avait tort certainement. Car, chez la femme, un peu de cette réjouissance-là, comme disent les ménagères, ne fait qu'ajouter au poids de ses qualités morales et il est religieux de penser que la Nature se complaît à donner de jolis fourreaux aux lames qu'elle a le plus coquettement damasquinées au dedans.

Mais, encore une fois, ce qui l'avait encore surtout séduit en elle, ce qui l'avait décidé à l'épouser, elle qui n'avait aucun bien, c'était l'intérieure poésie de son être, les goûts élevés de son esprit, son horreur des banalités humaines, l'aristocratie réelle de son âme. Dans tout Saint-Menehoulde, en effet, où je n'ai d'ailleurs jamais mis les pieds, on n'eût pu rencontrer une demoiselle d'une pareille éducation et ayant autant de lecture. Un peu mijaurée, peut-être? Qui sait? Un tantinet pédante. Au moins, ses anciennes amies de pension la jugeaient-elle ainsi. Mais il y avait un peu de jalousie peut-être dans cette opinion. Les esprits supérieurs excitent volontiers l'envie. Dans sa famille, un milieu d'excellents bourgeois qui méprisaient le commerce parce qu'ils n'avaient pas réussi dans la charcuterie, on l'admirait, on l'écoutait, on la traitait en oracle. Quand Angélique avait dit quelque chose !...

Et lui, Valentin, qui avait fait une riche fortune dans le négoce des pieds de cochons, s'était très sérieusement pris aux prétentions de cette incomprise. Timidement il avait fait sa cour et avait été démesurément fier quand il avait été agréé. Une femme supérieure ! Imbécile, va ! Je te pardonne uniquement pour les jolis nénés et pour le grassouillet séant de celle dont tu as méconnu les supériorités réelles. *Hic jacet lepus*, mon garçon. Hors cela, tout est vanité. Tu n'en as pas moins raison d'entourer celle qui est devenue ta femme, de toutes les piétés d'un culte véritable, d'une adoration infinie. C'est comme un Dieu, le seul, qu'il convient d'aimer la femme, comme un Dieu en trois personnes dont deux dans le corset et la troisième plus bas. Encore cette dernière est-elle à deux visages, comme l'antique Janus qui soufflait à volonté le vent pernicieux de la guerre ou le zéphir délectable de la paix.

Voilà donc mon Valentin marié et mon Angélique itou. Où chercher un ciel pour cette lune de miel qui n'a rien de commun avec celle que je comparais à Janus tout à l'heure ? Où trouver à ce voyage de noces un décor suffisamment idyllique ? Quelle mer lointaine était digne d'en murmurer l'épithalame sous la clarté tremblante des étoiles ?

— Allons à Paris ! dit très simplement — ce qui n'était pas son habitude — Angélique.

— Voir l'Exposition, n'est-ce pas ? ajouta Valentin avec feu.

Elle eut un imperceptible sourire de mépris sur les lèvres. L'ivoire vivante de ses épaules eut même sous la mousseline un certain tressaillement.

— Non ! fit-elle.

II

Étroitement maintenu, par sa propre volonté, dans le réseau des plus ridicules convenances, Valentin ne prit aucun acompte en route. C'est dans l'enceinte des fortifications seulement qu'il oserait non revendiquer mais insinuer ses droits. Le vacarme de l'hôtel où il était descendu pour cela ne fut pas pour stimuler son audace. Lui qui s'était juré de ne rien laisser voir à Angélique que les pièces les plus morales, il commença par lui donner à domicile une bonne représentation de la *Sensitive*. Angélique ne parut pas d'ailleurs attacher la moindre importance à ce détail essentiel cependant de l'hyménée. Son esprit planait plus haut que ces aimables vilenies, essentielles pourtant à la reproduction de l'espèce. Avec des nonchalances superbes, elle laissa le malheureux tendre, puis laisser échapper, puis ressaisir, puis relaisser échapper encore le fil de son discours. Elle ne prit pas la même peine qu'Arcadine pour lui faire retrouver son chemin dans le dédale des émotions où il se perdait. Elle rêvait pendant qu'il avait si peu envie de dormir ! Arriva-t-il à nouer l'indissoluble nœud ? Ma foi, ce ne sont pas nos affaires. Il n'avait qu'à nous venir chercher. Le diable emporte le maladroit !

C'est le matin, d'ailleurs, un matin clair qui met

ses impertinentes blancheurs aux rideaux mêmes des jeunes épousées. Valentin assista avec mélancolie à la toilette de sa femme et y vit rentrer, un à un, les trésors dont il avait fait un usage si discret, énumérant les joies qui lui avaient été volées et se remémorant ses délices perdues pour dix-huit heures au moins. Ah ! que c'est triste de voir se rhabiller la femme qu'on aime et comme on se reproche de n'avoir pas mieux épuisé les joies charmantes de la nudité sous le frisson menteur de la chemise ! J'en appelle au cœur, non pas de toutes les mères, mais de tous les amants.

— Nous commencerons, si vous le voulez, mon ami, fit Angélique, par un pèlerinage à la tombe d'Alfred de Musset.

Valentin, qui avait le tempérament plutôt gai, prit une mine résignée.

Angélique avait sur ses tablettes les noms de quelques poètes morts jeunes et enterrés également à Paris. Elle porta des fleurs à tous. Les mieux élevés de ces enfants de génie habitaient le cimetière Montmartre, ce qui permit à Valentin un entr'acte chez le père Lathuille. Mais les plus indiscrets avaient élu domicile à Montparnasse et au Père-Lachaise, ce qui rendit essentiellement laborieuse cette première journée de funéraires devoirs. Et durant ce temps, un beau soleil rayonnait sur la triple coupole du Champ-de-Mars, incendiant les dômes, accrochant comme les ailes d'or transparentes de mouches gigantesques à l'arachnéen réseau de la tour Eiffel, mettant une étoile à la double pointe du Trocadéro.

— Nous pourrions peut-être, au moins, aller à l'Exposition ce soir, hasarda timidement Valentin.

Elle lui répondit avec fermeté et douceur :

— Pas avant que je l'aie vu.

Et comme il avait l'air de ne pas comprendre.

— C'est surtout pour le voir que je suis venue, continua-t-elle.

Comme se parlant à elle-même, elle ajouta :

— Lui seul a compris la Femme moderne. Notre code est écrit dans *Cruelle Énigme* et dans *Mensonges*. Il nous a fouillé le cœur avec le plus délicat des scalpels; il nous a autopsiées vivantes avec une feuille de rose. Aux grossièretés de Stendhal à notre endroit, il a répondu par des madrigaux plus délicieusement impertinents encore. Et puis il est poète, ce que Stendhal n'était pas. Le voir, le voir d'abord et retourner à Sainte-Menehoulde ensuite, les yeux pleins de son image, le cœur plein de son souvenir.

Et comme Valentin faisait une légère grimace.

— Eh bien! oui, toutes les femmes en sont folles. C'est pour cela que je veux revenir à Sainte-Menehoulde tout de suite après. Car, je suis une honnête femme, mais je ne me sens le courage de le lui apprendre que de loin.

— Ma bonne amie, fit Valentin, vous ignorez qu'il fréquente chez un monde où nous ne sommes pas présentés.

— Mais chez son éditeur, il fréquente aussi sans doute?

Et avec une autorité qui ne souffrait pas de réplique :

— Cocher, fit-elle, passage Choiseul !

III

Depuis une heure déjà, Cascamille se promène dans le passage, mais ce n'est pas dans le but littéraire d'acheter des poètes chez Lemerre qui est comme le suzerain de cette rue vitrée, Cascamille est indifférent aux merveilles du moderne Elzévir. Ce n'est pas, hélas ! en vendant des olives à Marseille qu'on apprend par cœur mes vers. Comme madame Valentin, Cascamille fuit le spectacle bruyant de l'Exposition. Déjà dégoûté de Paris, il s'isole pour penser à l'aise aux splendeurs absentes de la Cannebière. Là-bas, oui ! mais au Champ-de-Mars, non ! Qu'est-ce que c'est qu'une Exposition où l'on ne voit pas la mer ! une foutaise ! Voilà la vraie raison pour laquelle les ambassadeurs n'ont pas voulu venir. Et Cascamille est comme satisfait d'être éloigné de la foule pour une autre raison. Il a déjeuné, le matin, avec Pétalas de Castelnaudary, qui avait fait venir, pour le recevoir, le cassoulet national, Eole en pilules, pour parler le langage des zéphyrs, sinon celui des fleurs. Or, tous ceux qui ont tenté de ce tumultueux ragoût, savent l'état aérien où il met les entrailles, de quelles fumées il gonfle les abdomens, l'impression de ballon du Louvre qu'il apporte au ventre et que l'idée d'être serré aux flancs dans sa marche quand on en est porteur est pour faire éclater par avance. Les bombes humaines en quoi il nous transforme n'ont plus qu'à souhaiter la sécurité prudente de l'arsenal sous la surveillance du factionnaire. Cascamille était sous cette impression d'obus et, fort gai d'ailleurs — car on avait arrosé le cassoulet d'excellent Villaudric Toulousain, — il péripatait (le vrai verbe serait trop long) en chantonnant des deux bouts, en faux bourdon, s'accompagnant soi-même. Car Cascamille était compositeur à ses heures, entre deux livraisons d'olives, et avait-il écrit, pour le pétophone, des variations très estimées des connaisseurs, en do mineur, comme il le disait spirituellement lui-même, en pensant à l'endroit où se porte cet instrument qui ne se met ni sous le menton comme le violon, ni en bandoulière comme l'ophicléide, ni même dans la même bouche que la petite flûte. Le dialogue était exquis entre les vers qu'il improvisait (ô Lemerre, voile-toi la face) et le petit fond d'orchestre qu'il mettait dessous.

O ma belle. Prout! Prout! — Trop rebelle. Prout! Prout! — Sans émoi. Prout! Prout! — Viens à moi. Prout! Prout! — Unissons. Prout! Prout! — Nos chansons. Prout! Prout! — A la brise. Prout! Prout!

Point d'orgue!

Or, M. et madame Valentin, dont vous vous souvenez encore, je l'espère, péripatent aussi dans le passage, ne perdant pas un seul instant des yeux la vitrine de l'éditeur-roi. Ils se sont enquis. Il viendra peut-être. En l'attendant, Valentin, toujours résigné, tient à sa femme les plus élégiaques propos, et les plus éthérés du monde. Il est jaloux du penseur-poète qui l'a conquise de loin, rien que par le mystérieux et fatal pouvoir du livre. Il fait de son mieux pour la faire oublier, pour noyer son chagrin dans un torrent d'éloquence personnelle. Il parle des astres fraternels, des âmes sœurs, des métempsycoses enfouies dans le cycle éternel et immuable de l'amour.

— O ma belle ! Prout ! Prout !

C'est Cascamille qui passe auprès d'eux, sans seulement les honorer d'un regard en dessous.

Valentin réprime mal sa surprise mécontente. Mais enfin, sa femme n'a peut-être pas entendu ! Il laisse s'éloigner l'orage et reprend son poétique entretien.

Viens à moi. Prout ! Prout !

C'est encore notre Cascamille qui repasse, en les frôlant et qui continue sa romance à deux parties. Valentin crispe les poings et va se ruer sur l'impertinent. Mais Cascamille est déjà loin. Il essaye de poursuivre son élégie.

Bon ! Cascamille, toujours les mains dans ses poches, revient de leur côté. En atteignant à leur hauteur, il soupire :

— C'est la brise. Prout ! Prout !

— Monsieur, s'écrie Valentin en se dressant devant lui, tout pâle de colère, est-ce pour ma femme, s'il vous plaît !

Mais Cascamille, avec un bon sourire — car il commence d'être prodigieusement soulagé — et de l'air le plus courtois du monde, en s'inclinant devant Angélique :

— Pardon, monsieur, mais il me semble que si madame les aime, vous pourriez bien les lui faire vous-même !

EPITHALAME

ÉPITHALAME

I

Et n'était-il pas le plus charmant du monde, l'usage qui consacrait en vers le bonheur des jeunes époux! Ah! que ne suis-je au temps où les rimes me volaient autour des tempes, comme des abeilles, m'emplissant l'esprit d'harmonieux bourdonnements! Pas autrement qu'en strophes alternées je n'eusse offert mes vœux à Thomas et à Christine, les rustiques amoureux dont je vous annonce, en simple prose, les justes noces. Et, comme c'est au printemps qu'ils se marient, j'aurais évoqué, autour de leur image, celle des choses et des êtres également enamourés, l'ombre des grands bois attendant leurs furtives caresses au retour de l'église et les premières étoiles s'allumant autour de leur lit nuptial et, le rossignol exhalant pour eux ses sanglots les plus attendris, et les premières roses mettant un parfum vague dans leurs baisers. J'aurais conjuré les sources de leur garder des ondes fidèles et toujours chantantes, les cieux un azur toujours serein, les fleurs un éternel sourire. Et, dans le grand hyménée que célèbrent toutes les voix, depuis la cime des arbres où se poursuivent les colombes, jusqu'à l'obscur tapis des gazons où les insectes se sont blottis, je leur aurais fait comme une apothéose de lumières douces et d'exquises senteurs.

Et en quoi, je vous prie, n'auraient-ils pas mérité cet hommage, aussi bien que les amants d'antan?

Parce que Thomas était un simple laboureur et Christine une simple gardeuse de moutons? Si vous aviez vu le beau gars et la belle fille, vous les auriez trouvés plus dignes de louanges lyriquement exhalées que les gringalets et les mijaurées des classes dirigeantes qui mettent bout à bout, dans un lit, deux fortunes mal gagnées. Ah! je vous conduis aujourd'hui en pleine idylle et au milieu des plus honnêtes églogues du monde. Le laboureur avait une famille qui était fière de lui, et la pauvrette avait été élevée par une vieille tante qui ne lui avait pas ménagé les bons principes. Aussi étaient-ils sages tous les deux, et Thomas qui avait de la religion ne manquait pas de répondre à l'abbé Bistouille, curé de Saint-Cousipet, leur commune paroisse, qui lui recommandait le respect de sa fiancée. — Alors, dépêchons-nous, monsieur le curé, car je n'y tiens plus !

Et il était bigrement sincère. Car il en était amoureux fou, comme une bête, de cette Christine ; j'entends qu'à la seule idée de coucher avec elle, il vous avait des frémissements aux moelles et comme des épingles le piquant dans le cou. Sa virilité vaillante le prenait à la gorge, et les mots lui mouraient dans la bouche, et il devenait rouge comme une pivoine, et il se prenait aux côtes comme un cheval qu'on veut contenir. Ils sont rares aujourd'hui partout et introuvables dans les villes, ceux qui aiment avec cette brutalité délicieuse et ces beaux emportements de jeunesse en folie, et cette fougue de désirs contenus. Ces fièvres de continence ne sont pas pour nos mœurs affadies.

L'abbé Bistouille s'inquiétait quelquefois. Et ce fut lui qui insista auprès des parents pour qu'on n'attendît pas davantage. Thomas vous avait pris des allures de taureau enragé qui n'étaient pas pour tranquilliser l'excellent pasteur.

II

Ah ! ma foi, ne fût-ce que pour justifier les impatiences de ce rustique, pénétrons, un instant, un seul, dans la chambrette de Christine, au moment où sa vénérable tante l'aide, de ses mains tremblotantes de vieille, à sa toilette de mariée. Un admirable brin de fille, mes enfants, qui sortait d'une gaîne de grosse toile pour entrer dans une chemise plus fine, et qui y mettait le temps, car les filles de campagne sont lentes en toutes choses. Le loisir indiscret et furtif nous est donc laissé (*Deus nobis hæc otia fecit*) d'admirer au passage des épaules brunes et souvent baisées du soleil, mais ayant de beaux tons d'ambre vivant, deux seins vierges et durs où se déchirerait volontiers la fragile batiste, un torse d'une admirable souplesse harmonieusement vallonné aux reins, un ventre adolescent et sans précoce boursouflure, des jambes bien pleines, avec un mollet nerveux et une cheville fine... Vous ne vous apercevez pas que j'oublie quelque chose en chemin? Oh! comtesse! pas de ce côté-là, vous me faites rougir? Non! Mais on m'a reproché d'en parler trop souvent; alors c'est tout au plus si j'ose en parler un peu. Puis-je vous laisser croire cependant que cette tant honnête fille manquât d'un de ces derrières copieux sans lesquels autant vaudrait, tout de suite, être manchot. Vous ne souffririez un instant l'idée que ce brave Thomas, qui ne vous a rien fait, fût privé de ce trésor à domicile que je comparerai volontiers à un de ces presse-papiers, salutairement pesants, qui empêchent les pages de la vie conjugale de s'envoler au vent de l'infidélité. Oui, c'est ce gros indispensable en ménage qui fait les amours solides, les tendresses constantes et retient les maris au logis où sa rondeur jumelle, tiède, harmonieuse et satinée les attend. Un beau fessier qu'on aime depuis longtemps est encore ce qu'il y a de plus sûr dans la vie.

Mais j'ai juré de ne vous pas parler de celui de Christine, malgré qu'il fut plus idoine qu'aucun autre à répandre autour de lui la félicité, imposant par la masse, jovial par la physionomie, avec deux fossettes charmantes qui avaient l'air de se fiche de vous. Et dodu, le bougre! Avec des petites rides de graisse, quand elle en raidissait les chairs, par une bien innocente coquetterie, si bien qu'on aurait dit un beau lac de lait solide, sur lequel se seraient figés les frissons du vent. Musical, avec cela, à ses heures, sonnant quelquefois l'*angelus* avant les cloches. Et quel joli éclat de rire argentin lui répondait sous la couverture. Car Christine était d'une nature gaie et s'amusant volontiers à un tas de riens qu'elle faisait elle-même. Comme j'aurais eu tort, n'est-ce pas, de ne pas m'étendre, un moment — au figuré seulement, hélas! — sur cette perfection abondante de sa personne! Heureux Thomas qui en aurait l'étrenne! Comprenez-vous maintenant qu'il fût si pressé?

Je compléterai ce chaste aperçu sur la toilette nuptiale de Christine, en ajoutant que les fleurs d'oranger en boutons, pareilles à de grosses perles mates, faisaient merveille dans l'ombre opulente de sa noire chevelure.

III

Nous ne signalerons qu'un détail dans la toilette de Thomas, infiniment moins intéressante. Le gars, qui voulait faire honneur à sa promise, avait fait venir un costume complet de marié, de Paris, et du drap le plus fin du monde, de ces aimables draps de maisons de confection, consistants à peu près comme des toiles d'araignée. Un pantalon surtout d'une légèreté ! Après l'avoir passé, Thomas dut se toucher les jambes à plusieurs reprises, pour se bien assurer qu'elles étaient vêtues, tant il sentait peu de chaleur et le poids de leur double gaine. Il mit une coquetterie louable à se rendre le plus beau du monde, passa une demi-heure à nouer sa cravate blanche, mit dans sa poche, sous une double enveloppe de papier de soie, l'anneau qu'il passerait, dans un instant, au doigt de l'épousée, enfin fit plusieurs tentatives louables pour cacher ses mains rouges et épaisses de paysan dans des gants qui craquaient avec un bruit de moquerie.

— Atchi ! atchi ! atchi !

Et qui vous fait éternuer ainsi, maître Thomas, durant que vous vous frisez les moustaches avec un clou ?

— Atchi ! atchi ! atchi !

Vous choisissez bien votre moment, pour faire cette musique !

— Atchi ! atchi ! atchi !

Le jeune laboureur endimanché, commença de jurer comme un païen. Voyez-vous qu'il emportât ce coryza intempestif et subit à la mairie et au temple ! M. le maire croirait à une mauvaise plaisanterie et M. le curé à une profanation d'un respectable sacrement. En voilà une maleveine ! D'où lui venait ce sacré rhume ! Ah ! bon ! de ce misérable pantalon qui lui faisait froid, à lui qui portait toujours à l'ordonnance la lourde culotte de velours à côtes. Ah! ma foi tant pis! il ne pouvait pas se rendre malade le jour de sa noce. Voyez-vous que ça lui durât encore toute la nuit et qu'il ne trouvât pas autre chose à dire à la vierge tremblante entre ses bras! Eternuer, c'est comme souffler aux dames. Ça n'est pas jouer. Il fallait à tout prix conjurer cette mésaventure. Parbleu, il avait un gros pantalon de laine presque noir et qu'il mettrait sur celui-là! Il le retirerait le soir, pour les danses, quand on ne serait plus en plein air, mais bien dans une salle surchauffée. Et, en se hâtant, car il était presque en retard, — il passa ce second étui sur le premier, comme on fait pour les objets précieux qu'on met sous plusieurs enveloppes superposées. Et de fait, j'estime que, pour ce qu'il méditait dans la soirée, l'objet qu'il abritait sous cette double cuirasse était bien ce qu'il y a de plus précieux au monde, voire de plus indispensable et de plus absolument nécessaire aux conjugales félicités.

IV

— Ding! don! ding! don! Les cloches sonnent à toutes volées. Les vieux sous leurs larges chapeaux des dimanches, et les vieilles sous leurs hautes coiffes de dentelle bise, sourient sur le passage des jeunes époux, avec des souvenirs aimants et des mélancolies dans leurs yeux qui clignotent sous l'usure des cils gris. Les chiens eux-mêmes aboient gaiement autour du cortège, et le soleil, qui avait boudé tout le matin, fit son entrée, en même temps que les fiancés, dans l'église où il les vint attendre dans le chœur, tout bariolé, au passage, par les vitraux et couchant comme une sorte de tapis de Turquie sur la place où ils allaient s'agenouiller l'un près de l'autre. Un orgue, qui avait accompagné des *Te Deum* sous divers régimes, s'époumonnait durant le défilé, et les enfants de chœur se faisaient des niches derrière les piliers en se chippant les encensoirs et les aromates. L'abbé Bistouille, qui était un brave homme, avait mis sa plus belle chasuble avec un pigeon en argent aux ailes étendues dans le milieu des lourdes broderies. Mais que vous étiez exquise, Christine, dans cette brume de tulle, où vos noirs cheveux mettaient des ombres, où vos beaux yeux clairs mettaient des rayons! Et votre bouche rose était comme une cerise dans le brouillard matinal, pendante avec de doux luisants de rosée! Votre corsage battait le rappel sur votre cœur et tout était attirance dans votre personne. Et notre Thomas était dans un état!

— Mettez l'alliance au doigt de votre fiancée, lui dit l'abbé Bistouille. C'est le moment.

Thomas, comme se réveillant d'un songe où tous ses sens étaient comme absorbés, fouilla machinalement dans la poche de son pantalon. Rien! Très inquiet, il y fouilla une seconde fois. Rien encore!... Comment faire! Il perdait la tête et Christine attendait, son joli doigt tendu en avant. Ah! Thomas se souvint! Il avait mis le maudit anneau dans sa culotte de dessous. Sans hésiter, il sauta sur les boutons de devant de l'autre pour s'en débarrasser. En une seconde le fond de sa culotte de dessus allait être à terre.

Mais le geste causa une stupeur épouvantable dans l'assistance. Ce ne fut qu'un cri et toutes les mains ramenées sur les visages. Et notre abbé Bistouille, les cheveux droits, les yeux en accents circonflexes, se méprenant absolument sur les intentions de l'impatient mari :

— Mon ami! Mon ami! lui cria-t-il d'une voix suppliante, je vous en prie! Pas encore!

SHOKING

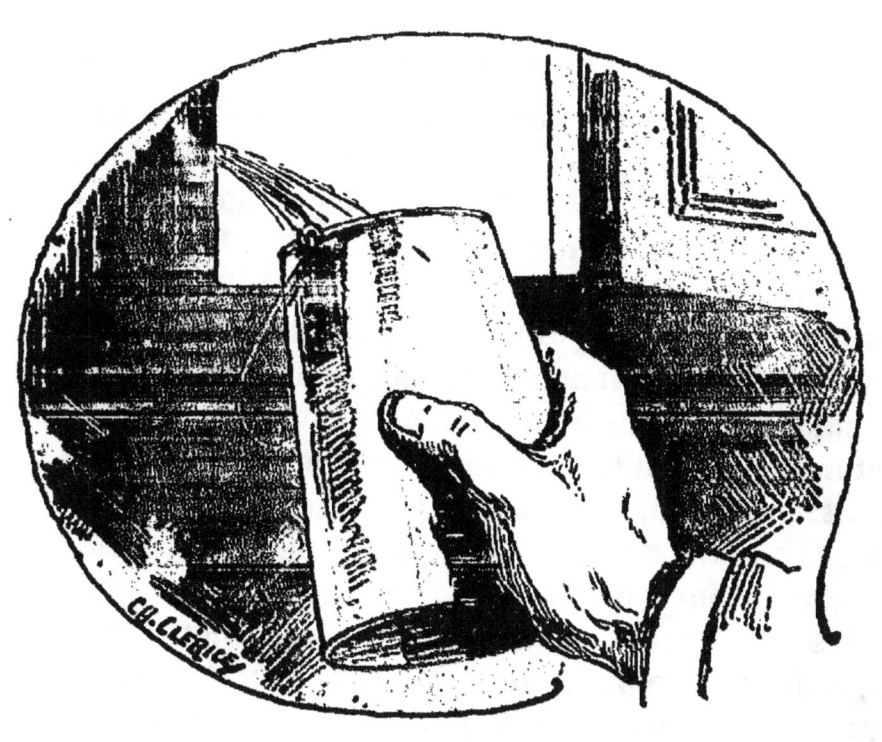

SHOKING

I

—Et vous avez été en Angleterre, monsieur Cascamille ?

— Certes, mon cher Monsieur Van den Ross ! répondit l'interpellé avec un accent marseillais qui eût été remarqué jusque sur la Canebière.

— Moi aussi, reprit le premier dans un doux patois hollandais.

Je ne sais si c'est l'ombre de la Tour Eiffel qui m'a donné le don divin des langues. Mais je les comprends toutes, depuis que l'Exposition est ouverte. Je lis couramment un article de la *Revue des Deux-Mondes*. Hier, devant moi, un Allemand a donné un coup de poing à un garçon de café. Eh bien, j'ai parfaitement saisi le sens de sa mimique. Il demandait qu'on lui servît son bock plus vite. C'est merveilleux. Et ce que je surprends de choses intéressantes dans ce procédé d'indiscrétions internationales! On ne se méfie pas de moi. On parle étranger, à mes oreilles, à cœur ouvert. Pan! je pige les confidences au passage. Je les vendrai, un jour, à quelque maître chanteur qui s'en fera une fortune. Le silence n'est plus seulement d'or aujourd'hui! il est de diamant.

Cette fois-là, je n'avais pas un mérite excessif. Ce que j'entendais était simplement du français martyrisé. Mais je n'en prêtais pas moins une attention extraordinaire et vous puis conter, par le menu, le reste de la conversation entre le petit homme brun dont chaque mot sentait l'huile et le flegmatique personnage dont les favoris blonds entouraient le visage fleuri.

— Et n'avez-vous pas rapporté de Londres quelque souvenir, monsieur Cascamille?

— De nombreux, mon cher Van den Ross. Celui-là surtout que nous jugeons fort mal les Anglais en France et la petite histoire suivante viendra à l'appui de mon dire. Elle rectifie deux erreurs d'un coup.

M. Van den Ross prit son calepin pour y noter les

points essentiels du récit de M. Cascamille, en se contentant de lui dire :
— Vous permettez ?
— Parfaitement.

Et cela fut dit sur le ton d'un homme à qui il ne déplaît pas que ses discours soient pris au sérieux.

II

Donc, reprit Cascamille, on vous apprend dès l'enfance, pour vous faire oublier un peu l'injuste supplice de Jeanne d'Arc, que l'Angleterre est la patrie du confortable. Il faut s'entendre sur ce point. On trouve tout, dans les rues de Londres, sauf la chose la plus essentielle peut-être — du moins, aux gens qui, comme nous, ont coutume de prendre de la bière entre leur repas. Aucun angle de maison hospitalier, avec un coin d'ardoise pour y tracer d'humides paysages. Mais partout des constables qui vous guettent et vous forcent à réprimer vos plus légitimes espérances. C'est comme un Sahara immense sans oasis pour ceux que tourmente le contraire de la soif. Pas la moindre poire à se mettre sous la dent qu'on aurait pu avoir là, ce qui eût été bien incommode pour les dentistes.

Ce qui paraît un oubli, de la part de la municipalité londonienne, est tout simplement un artifice fiscal. Le malheureux, vaincu par la torture, finit par transgresser la loi. Il s'arrête devant le premier mur venu, et, sur un simple simulacre d'exécution, il est appréhendé par un homme de police qui lui fait immédiatement payer une forte amende. Ça enrichit d'autant le trésor public. C'est une façon d'impôt sur les boissons qui, contrairement à nos usages, se paie à la sortie. Avec le produit de ces pénalités, on achète aux schériffs de magnifiques habits. On ne graisse pas la patte aux fonctionnaires, là-bas, on la leur mouille.

— Très ingénieux! observa M. Van den Ross en prenant une note.

— Mais très ennuyeux, reprit M. Cascamille. Donc, un jour, où j'étais absolument terrassé, je commis mon délit hydraulique comme un autre. Le constable arriva, me lut ma sentence et me fit déposer ma caution. Je ne fis aucune résistance, mais lui parlant sans la moindre rancune : Voici qui est fort bien, monsieur, mais si, une autre fois, le même désir triomphait de moi et que j'eusse oublié ma bourse, voulez-vous m'indiquer la marche que j'aurais à suivre pour sortir de ce pénible état sans être mis en prison pour dettes. — Fort simplement, mylord, me répondit cet agent avec une politesse extrême. La courtoisie parfaite de nos mœurs nous permet de nous passer de ce qui vous semble indispensable à Paris. La première fois que la même fantaisie vous hantera, vous pouvez sonner à n'importe quelle porte et immédiatement, sur la seule expression de vos prétentions, tout ce qui sera nécéssaire pour les satisfaire sera mis à votre disposition. — Et je n'aurai pas à rétribuer ce service? Vous humilieriez, monsieur, l'hospitalité anglaise, sœur de l'écossaise, en offrant quinze centimes à l'hôte qui vous a si généreusement accueilli.

— Brave peuple ! s'écria le doux Van den Ross, et que mes compatriotes ont grand tort de méconnaître aussi.

III

Autre préjugé à terre. On dit les Anglais égoïstes et cela, sans doute, pour ranimer un peu notre rancune de l'injuste supplice de Jeanne d'Arc. Eh bien ce que m'avait dit ce constable était parfaitement exact. J'ai pu l'éprouver, deux jours après, dans des circonstances que je n'oublierai jamais. J'avais failli être amoureux, mon cher monsieur Van den Ross et peut-être Marseille ne m'eût-il revu jamais. Elle était d'un blond à humilier les blés et d'un blanc rose à faire honte aux fleurs des pommiers, cette neige odorante où passent les reflets d'aurore. Les dents un peu longues, mais sonores comme des touches de piano, les pieds un peu longs aussi, mais flexibles comme des couleuvres. Exquise, en un mot, et s'appelant Jenny. A peine lui avais-je dit mon nom que, consultant un petit agenda où les principales maisons européennes étaient inscrites, et l'y trouvant parmi ceux des notables commerçants de France, elle me permettait l'espoir pour le soir même. Suivant ma coutume, je résolus d'attendre à table, avec elle, l'heure du berger et je me fis servir, dans un des meilleurs restaurants, un souper auquel elle fit le plus grand honneur. Les plus coûteuses primeurs y défilèrent et Argenteuil, bien qu'on ne fût encore qu'en avril, y fut représenté par les plus savoureux et le plus inconvenants produits. J'en rougissais pour ma charmante convive. Avec des petits effarements absolument comiques elle en croquait le bout seulement. J'en mangeai également avec beaucoup d'intempérance. Enfin, celle qui m'avait promis l'amoureux salaire si bien mérité, avait donné, elle-même, ce qui me sembla de bon augure, le signal du départ. Je m'en fus avec elle, les lèvres déjà parfumées de baisers au gingembre. J'étais dans d'admirables dispositions et la coquetterie du petit appartement, le sien, où elle me reçut, ne fut pas pour atténuer cet enthousiasme préventif.

— Heureux coquin ! murmura le doux Van den Ross.

— Pas du tout heureux coquin ! répondit d'une voix sombre le pétulant Cascamille. Nous sommes des gens d'habitude dans le Midi, mon cher. Vous ne connaissez pas madame Cascamille, ma femme ?

— Je n'ai pas cet honneur.

— Ni mademoiselle Pétalas ?

— Pas davantage.

— C'est ma maîtresse. Ce sont des femmes, mon cher qui, à elles deux, rempliraient un omnibus. Une assiette formidable. On taillerait vingt mille têtes de chérubins joufflus dans leurs quatre joues. Je les voudrais voir en bataille. Quatre citadelles, mon pitchoun, défendues par deux canons seulement. Madame Cascamille l'a en pomme ; mademoiselle Pétalas l'a en poire. Mais cela vous donne l'idée d'un verger comme il devait y en avoir seulement au paradis terrestre. Je n'aurais jamais cru que cette débauche de fruiterie, que ce luxe de fortifications fussent essentiels à mon bonheur. Eh bien, quand Jenny m'apparut droite comme un I, de pile comme de face, sous les raideurs perpendiculaires de sa chemise, je me sentis foutre le camp, comme nous disons là-bas. Et je pris le parti de le foutre tout à fait pour ne pas être ridicule. Ce néant m'avait donné des ailes. Je les sentais pousser à mes épaules Où les avait-il prises, bon Dieu! Je ne me reconnaissais plus d'être ainsi métamorphosé en pur esprit par un caprice du destin.

Et Cascamille s'essuya le front rien qu'à ce souvenir. Après quoi il poursuivit :

— Il faisait petit matin, quand je me retrouvai dans la rue ; il pouvait être six heures. L'air frais me remit un peu. Je m'aperçus alors que je n'étais pas devenu un pur esprit tout à fait. L'envie qui m'avait tourmenté quelques jours auparavant revenait... je ne dirai pas sur l'eau, mais avec l'eau. J'avais bu ferme au souper que j'avais offert à mon inutile conquête. Le conseil que m'avait donné l'excellent constable me revint immédiatement en mémoire. Une maison de belle apparence était devant moi, je donnai un grand coup de sonnette. Ah ! mon cher monsieur Van den Ross, c'était plus merveilleux encore que je ne le pouvais supposer. Immédiatement, une façon de Judas s'ouvrit, et une main, une main discrète me tendit un vase de fer blanc que je n'eus pas de peine à remplir, et qu'elle attendit avec un excès charitable qui me mettait des larmes partout. Sans en perdre une goutte, elle le fit disparaître au dedans ; le judas se referma sans bruit. Non, vraiment, on ne porte pas plus loin la délicatesse dans l'hospitalité. Aussi, cette maison-là, je l'ai encore dans les yeux. C'était *Bouriquen-Street*, n° 100.

— *Bouriquen-Street*, n° 100.

Et le doux M. Van den Ross faillit se trouver mal, tant son émotion était grande. Cascamille, toujours bon, le ranima avec un verre de cassis.

Quand le malheureux eut repris ses sens :

— Vous rappelez-vous la date, monsieur Cascamille ?

— Parfaitement, mon cher monsieur Van den Ross, le 15 avril 1887.

Finalement le Hollandais remonta le cours de son registre de notes de voyage, il se transporta, en feuilletant, à la date indiquée, et, avec un accablement indicible, il y lut ces lignes écrites au crayon :

— 15 avril 1887. Arrivé la veille dans la maison. *Bouriquen-Street*, n° 100, hôtes charmants. Demandé qu'on m'apportât mon lait à six heures du matin, sans le faire chauffer, dans ma chambre. Lait tiède encore, mais d'un goût singulier. Boirai autre chose dorénavant. Pays splendidement riche, car on y nourrit certainement les vaches avec des asperges.

— Ah ! Ah ! Ah ! Ah ! Ah ! Et l'imprudent Cascamille se mit à rire comme un cent de bossus pendant que le pauvre Van den Ross portait douloureusement à sa bouche son mouchoir sur lequel était exécuté, en trois couleurs, le portrait de la Tour Eiffel.

SUPERSTITION

SUPERSTITION

I

On n'eût pas rencontré, même aux environs de Nanterre où les roses blanches couronnent de tardives virginités, une jeune personne de dix-huit ans plus innocente que mademoiselle Rosalie Millevesse, et plus bégueule aussi. Car, au moindre mot galant prononcé devant elle, manquait-elle de s'évanouir. Ce n'est pas cependant qu'un cœur de roche habitât la poitrine aimablement rondelette de cette mijaurée. Mademoiselle Rosalie Millevesse était sentimentale en diable, voire un peu mélancolique, avec des rêves de passion vague dans les yeux, — deux yeux charmants dont les longs cils ombraient l'éclat, comme apparaît, à travers les joncs, la lumière du couchant reflétée dans une source. On sentait qu'il lui manquait quelque chose pour être heureuse. Beaucoup de jeunes filles, pures comme elle, en sont là. C'est ce qui excuse les demoiselles moins sages. Ah! la vertu a son revers, comme les médailles. Notre pauvre Millevesse avait grand désir de se marier et les prétendants ne venaient pas par douzaines. Elle était jolie pourtant, avec son nez correct presque jusqu'au bout, avec une petite révolte de la ligne, à l'extrémité, d'où lui venait une certaine mutinerie ; avec ses cheveux d'un châtain mêlé courant de l'or clair au fauve sombre ; avec les grâces rebondies de son corps de pucelle qui savait sur quoi s'asseoir, quand lui venait la lassitude. Mais les hommes pensent bien aujourd'hui à ces babioles pour lesquelles mouraient les écervelés d'antan ! On les voit volontiers couvrir de bijoux des gothons qui ont longuement roulé les aventures. Mais épouser, pour sa beauté et sa chasteté, une jeunesse pauvre ! Plus aucun n'est capable de cette folie. Et Rosalie languissait comme une fleur qu'a oubliée l'arrosoir du jardinier qui passe. Elle languissait, sans savoir, dans son âme candide, le secret de cette anxiété vague et croissante. Et, le soir même où nous la trouvons dans son humble chambre d'orpheline, assise et le front dans la main, elle se sentait, plus que jamais, hantée par des désespoirs mal définis qui lui faisaient monter des larmes sous les paupières. C'est que, par la fenêtre entr'ouverte, de printanières senteurs apportaient des troubles tyranniques et nouveaux à sa pensée, haleine des dernières violettes se mariant au souffle des premiers lilas, sous le réveil des chansons et des ailes. Et le cœur lui battait comme un marteau qui se lasse sur l'enclume, aucune étincelle ne jaillissait plus de son choc.

Un cri terrible poussé dans le couloir, un bruit de pas, une lumière traversant l'ombre l'arrachèrent à ce douloureux sommeil de toutes les impressions consolantes. Une voisine qui venait de rentrer, sa bougie à la main, était subitement ressortie, affolée, échevelée, clamant :

— Ah ! mon Dieu ! mon Dieu ! mon frère s'est pendu.

Et, tout en descendant les marches à se rompre le cou, elle appelait au secours !

II

Cette voisine, une vieille folle, se nommait mademoiselle Putoiseau.

Et elle ne mentait pas, bien que de méridionale origine. Son frère, Onésime Putoiseau, s'était bel et bien pendu, pendant son absence, et dans l'obscurité ; pendu tout nu, car le bougre était prodigieusement soigneux de ses habits ; pendu si haut, et en montant sur une table qu'il avait ensuite repoussée du pied, qu'il fallait lever le bras pour atteindre le milieu de sa carcasse se balançant rythmiquement dans l'espace, suivant les immortelles lois de Galilée. Et, sa sœur épouvantée, partie, emportant toute clarté de la chambre, continuait-il à osciller gracieusement, le menton sur le gésier, la langue hors de la bouche, et tout à fait indécent comme le sont toujours, paraît-il, les suppliciés de la corde. On peut donc supposer, pour l'honneur de sa mémoire, que c'est par un sentiment exquis de pudeur, qu'il avait choisi une nuit très noire pour effectuer cette gymnastique mortuaire et ces expériences funèbres de trapèze volant. Pourquoi le fâcheux Onésime en était-il venu à cette extrémité acrobatique? Pour un chagrin d'amour? Allons donc! Pour un scrupule de conscience? Je vous en moque! Tout simplement parce que, dans un marché de bestiaux, il s'était laissé voler par un autre filou. Car voilà ce qu'un bon paysan de France ne se pardonne jamais à soi-même.

Mademoiselle Rosalie Millevesse était sortie vivement sur le palier. Elle avait entendu la chose. Une superstition folle et très accréditée, chez les petites gens, lui était revenue soudainement en mémoire. La corde de pendu! Un suprême talisman, surtout pour celui qui en coupe le premier morceau! Un porte-bonheur infaillible! La fin de ses douleurs muettes!... Comme mue par une force mystérieuse, elle entra vivement, prit un grand couteau dont elle avait menacé tout à l'heure sa propre poitrine, dans un transport, heureusement vite contenu, de désespérance, sortit une seconde fois, poussa la porte demeurée entr'ouverte de la chambre du mort, s'avança à tâtons, saisit, dans l'ombre, une façon de câble fort raide qui se trouva tout de suite sous sa main et qui ne pouvait être que la fameuse corde, trancha du couteau, enveloppa de papier et s'enfuit comme une voleuse, au moment où les voisins remontaient, escortant le médecin et le commissaire, foule obscènement curieuse et bruyante, comme il en semble sortir du pavé, au bruit du moindre accident.

Une fois chez elle, elle referma vivement son propre huis. Mais elle était à bout de courage. La force lui manqua pour regarder le funèbre objet. Plus étroitement, au contraire, elle l'enveloppa et le fourra jalousement dans sa poche. Car le préjugé tout entier est qu'il faut toujours porter sur soi cet étrange talisman. Cette simple réflexion lui vint, en l'enfouissant : il me sembla que j'en avais coupé davantage.

III

Le procès-verbal rédigé par le médecin et par le commissaire ne fut pas sans un grand agrément de style administratif. On y employa les plus habiles périphrases pour expliquer le motif évident et délicat de la mort du malheureux Onésime. Le commissaire, qui avait quelque littérature, plaça adroitement le nom mélancolique d'Abailard dans son factum. Le médecin fit différentes hypothèses sur la façon dont avait pu arriver le malheur ayant décidé la victime à un volontaire trépas. Il cita les exemples de gens qui s'étaient pris le nez dans les portes et l'avaient eu radicalement tranché. Toutes les commères furent d'accord pour louer le trépassé de n'avoir pas voulu survivre à cette perte. C'était un bon et noble exemple qu'il donnait à ceux qui n'ont plus rien à faire ici-bas. Quelques maris firent la grimace. L'enterrement à l'église n'alla pas tout seul. M. le curé finit cependant par admettre qu'un homme qui se guillotine partiellement, avant de se pendre, est certainement un fou. On finit par faire de très belles funérailles à ce pauvre diable et le titre de martyr lui fut solennellement décerné par un conseiller municipal qui était libre-penseur, bien entendu, et qui affecta de croire que le malheureux n'avait pu résister à un grand chagrin politique, celui que lui avait causé une scission de son parti. Dors donc en paix, misérable bourrique d'Onésime, et retournons, s'il vous plaît, à la charmante Rosalie Millevesse, cause innocente de toutes ces incongruités oratoires.

Toujours son talisman dans la poche, la crédule Rosalie, — dans sa poche, le jour, et sous son oreiller la nuit, — n'ayant d'ailleurs jamais eu le courage de le regarder, bien qu'elle s'aperçût avec terreur qu'il semblait diminuer tous les jours dans son cornet. Quant à le montrer à personne, il n'y avait pas de danger. Il eût fallu avouer d'abord le petit sacrilège qu'elle avait commis en dérobant un mort. Et puis, on n'aurait eu qu'à lui voler son trésor ! Voyez cependant ! Mademoiselle Migelevent, ma bonne amie, à moi, et sa meilleure amie, à elle, parvint à découvrir ce qu'elle cachait, avec tant de soins, à tous les yeux. Les femmes vous ont un flair pour deviner, rien qu'à votre allure, quand vous avez, dans votre poche, quelque objet compromettant. Ce que j'y ai été pincé des fois ! Et des scènes, mes enfants ! Mon grand ami Francisque Sarcey parle quelquefois des scènes à faire. Mon cher Sarcey, on me les a toutes faites.

Enfin mademoiselle Migelevent avait pincé le secret. Elle avait remis l'objet en place, tout en étouffant de rire. Aucune pudeur, mademoiselle Migelevent ! Mais ce qu'elle vous remplace ça par autre chose qui ne se fait pas respecter ! Elle me conta la chose, le soir même, et je l'engageai à une discrétion absolue.

Eh bien ! on a grand tort de blaguer les superstitions. Vous en croirez ce que vous voudrez, mais mademoiselle Rosalie Millevesse avait certainement mis les mains sur ce qui lui manquait auparavant pour être heureuse. Tout s'est mis à lui réussir à souhait. Depuis trois mois qu'elle a ce talisman sur elle, elle a fait un héritage et elle s'est mariée, avant-hier, avec un garçon fort riche et fort aimable qui lui fera la vie très douce, ce dont elle ne manquera pas de le remercier en le faisant cocu. Dieu, qui est bon, veuille que ce soit avec moi ! Car ce qu'elle était adorable en mariée, la mâtine ! Un buisson de roses pâles dans un brouillard du matin ! Et de tous petits pieds frissonnant dans le satin comme des tourterelles blanches !

IV

J'étais son témoin, presque son garçon d'honneur. Nous causâmes affectueusement et avec quelque abandon, pendant qu'un ténor s'égosillait dans un coin du grand salon du noces. Nous étions même tout à fait seuls, pendant ce temps, sous une tonnelle. Et quels parfums Août mettait dans l'air !

— Vous devriez avoir, Armand, me dit-elle, vous qui vous plaignez toujours que les femmes vous font souffrir, une corde pendu comme la mienne. Ça vous porterait bonheur.

— J'en ai une, mademoiselle... pardon ! non, madame.

— Toute pareille ?

— Toute pareille.

— Et vous la portez toujours sur vous ?

— Je vous en donne ma parole.

Alors, étrangement câline :

— Montrez-moi la vôtre, Armand. Je n'ai jamais osé regarder la mienne.

Brr brr brr... L'image du grand couteau me passa dans l'esprit. J'eus froid partout, excepté cependant dans le dos. Mais je ris bien vite de moi-même et de ma frayeur.

— Mademoiselle... Non ! Pardon ! Madame, lui répondis-je avec ma gentilhommerie coutumière, ce serait peut-être prématuré aujourd'hui, bien que je l'aie sur moi. Mais dans quelque temps...

— Rosalie ! Rosalie !

C'était le mari qui s'inquiétait.

— A bientôt ! me dit-elle. Vous savez ce que vous m'avez promis ?

Raille les superstitions populaires qui voudra ! Saint Thomas n'est pas mon ancêtre et je demeurerai toujours crédule comme les bonnes gens !

BUCHOLIQUE

BUCHOLIQUE

I

Que ce titre dans le goût ancien ne vous induise pas en quelque antique vision, au bord de la mer Syracusaine traînant sa chevelure bleue sur les sables sonores où les pas du divin Théociste ont laissé d'immortelles empreintes, non loin de l'antre où gémissait Polyphème et près des bûchers fumants encore où Simète, habile aux sortilèges, avait vainement tenté de vaincre l'Amour. C'est une idylle toute moderne que je vous veux conter, mais dont le décor n'est pas non plus sans grandeur, ni sans poésie : la mer Bretonne, à l'horizon, sombre avec une jonchée de palmes d'argent, comme pour quelques splendides funérailles ; et, presque jusqu'à ses bords frémissants d'or qui semblent une constellation tombée du ciel, le frisson violet de ses bruyères ondulant au moindre souffle, et ses nudités rocheuses semblant les crânes, dépassant le sol, de géants autrefois foudroyés.

Et les hôtes amoureux de ce paysage désolé et superbe, où l'âcre piqûre du sel se fait sentir aux lèvres dans l'air matinal ? Non pas deux bergers aux tuniques d'hyacinthe, passant aux lèvres l'un de l'autre les pipeaux de Ménalque où chante la gloire de Glycère ; mais un gars fort mal mis, Lohic, le maître gardien d'un petit troupeau de chèvres, chevelu comme un mérovingien, avec des brayes mal attachées qui lui pendaient aux talons, et Anne, la petite couturière qui s'en va, chaque matin, en journée dans les bourgs du voisinage, le front tout embroussaillé d'or clair, avec des yeux bleus où l'Océan a mis ses troublantes lumières qui ne sont qu'un reflet de celles du ciel ; une jolie fille tout de même, sous son dépenaillage dont les indigences même découvraient des formes robustes et pures, un corps souple et nerveux, la race demeurée intacte, une grâce sauvage enfermée dans des lignes d'un très noble dessin.

Deux beaux enfants, au demeurant, dans leur habit de pauvreté, et bien faits pour s'aimer sous l'œil indulgent des choses, lequel est très indifférent à nos toilettes. Car ce que le soleil et les grands bois se moquent des falbalas de nos mondaines et des inventions de nos élégantes ! Et la lune, donc, qui donne aux amants le saint exemple de se déshabiller comme elle, pour goûter la douceur des nuits à deux dans les grands silences de l'air ! Quelquefois seulement pour faire plaisir aux vieux savants de l'Observatoire qui portent des bonnets grecs, passe-t-elle cette façon de culotte que nous appelons éclipse et dont elle s'empresse de sortir comme d'une malsaine prison.

Ce matin-là, pour dire vrai, — car l'air n'avait pas achevé de boire les beaux filets de vin pourpré que l'Aurore verse dans la coupe immense de la Mer, — Lohic, dont les chèvres broutaient à l'aventure, et Anne, pour qui l'heure du travail n'avait pas encore sonné, s'en étaient donné à cœur joie de ces délices amoureuses sur les mousses encore mouillées, et leurs baisers répétés avaient sonné si fort que les oiseaux s'étaient enfuis, inquiets et rasant de l'aile les cimes aiguës des fougères. Tous deux en avaient encore les lèvres parfumées et le gars sentait encore à ses doigts frémissants le frisson des belles chairs jeunes et fermes, aux duretés savoureuses où ses ongles se seraient usés comme à un marbre si la peur de faire mal ne l'avait retenu. Et tous deux étaient-ils dans ce délicieux état qui succède aux caresses et prolonge la tiédeur grisante des étreintes, tout haletants et se regardant avec des yeux pleins de vague reconnaissance.

— Oh ! Lohic ! fit-elle tout à coup, d'une voix tendre et railleuse à la fois.

Et, comme il était tout étonné, elle lui fit voir que, dans leurs innocents ébats, son mauvais pantalon s'était si fort déchiré, à l'entre-deux des jambes, que la pudeur lui interdisait toute promenade dans les endroits fréquentés.

— Il faut que je te raccommode cela ! fit-elle encore.

II

Et, comme elle avait toujours, sur elle, tout ce qu'il faut pour coudre, un méchant étui de faux ivoire, mais plein de fines aiguilles ; et un mauvais dé de cornes où dansait son doigt mignon, elle essaya de rapprocher tout d'abord, de rapprocher les deux bouts d'étoffe flottants par ce que nous appelions, — quand je fréquentais les couturières, — un point de chausson, je crois. Mais le vieux drap était trop mauvais et s'effilochait désespérément sous la reprise.

— Il faudrait absolument mettre une pièce, dit-elle avec conviction.

— Oui, mon enfant, mais où trouver de l'étoffe ?

Magna res est amor, comme a dit A Kempis, et le plus ingénieux des sentiments quand le sacrifice l'inspire. Sous sa robe, étoilée çà et là de déchirures, Anne portait un jupon grossier mais solide encore. Sans ajouter un seul mot, elle souleva sa jupe, fit tourner la ceinture du jupon de façon à amener devant ce qui était derrière, prit des ciseaux dans sa poche et coupa tout un lai de cette bure ; puis remit le vêtement en place, ayant alors, sauf votre respect, sous sa robe rabaissée, un grand pan de derrière à nu. Car la pauvrette ne portait pas de chemise. Ce morceau n'était pas précisément de même couleur que la culotte de Lohic, mais elle le plaça si habilement que c'était seulement quand celui-ci faisait des mouvements violents qu'on pouvait apercevoir la soudure.

— Comment te remercier? lui dit Lohic sincèrement reconnaissant.

— Tu le sais bien, bête, répondit-elle.

Et il ne se le fit pas dire deux fois.

— Heureux privilège de l'adolescence!

— Ainsi, dans le zig-zag d'ombres moins obliques des fougères dont le soleil déjà plus haut dorait les pointes, se couchèrent-ils encore et recommencèrent-ils leur musique de baisers, faisant onduler au-dessus d'eux les grandes herbes en palmes indolentes.

— Je ne suis pas quitte encore avec toi, dit Lohic en se relevant. Car mon plaisir a été plus grand encore que le tien, sans doute! Dis-moi ce que je pourrais faire encore?

— Eh bien! dit gaiement Anne, tu me feras danser demain au Pardon.

Alors Lohic fit une abominable grimace.

III

Emile Zola n'a vraiment pas été trop sévère pour les paysans. La vie de l'homme des champs se partage en deux périodes, celle où il attend une fille ayant un peu de bien pour l'épouser, et celle où il guette avec amour la mort de ses parents pour hériter. Notre Lohic en était seulement à la première. Il aimait infiniment Anne, mais pour la bagatelle, comme il le disait lui-même aux heures d'expansion. Quant à faire jamais sa femme de cette pauvre fille qu'il avait eue le premier et qui l'adorait de toutes les fièvres de son âme, bernique ! Il avait de tout autres projets en tête. Ah ? la fille à Cornebec, par exemple, c'eût été autre chose. Il avait deux maisonnettes, à lui, le père Cornebec, et une fille sur les épaules de laquelle on aurait pu en bâtir une troisième tant elle était bossue. Mais ce malpropre de Lohic eût accepté le tout, les bâtiments et la bosse, et, quand il rencontrait Marie la Bombée, comme l'appelaient les autres filles du pays, jamais ne manquait-il de soupirer bruyamment comme une vache qui se soulage et de rouler des yeux languissants comme une oie qu'on empâte. Mais on ne le regardait même pas. Il y avait une mine d'argent dans cette colline vivante. Or, il savait que le père Cornebec qui était grand buveur, viendrait certainement au Pardon. Le bel effet de le voir danser, lui Lohic, avec une chétive couturière, presque une mendiante, comme Anne ! Si Marie la Bombée ne lui accordait pas le moindre quadrille, au moins se rattraperait-il en invitant les demoiselles les plus huppées des bourgs voisins, lesquelles faisaient grands cas de ses talents chorégraphiques. Car Lohic n'avait pas son pareil pour lever une jambe en cadence, tout en se balançant longuement sur l'autre, comme ferait un héron ayant une crampe, exercice fort apprécié des amateurs de l'endroit. Et encore dépassait-il tous les autres gars du pays dans l'art de simuler un coup de tête dans la poitrine de son vis-à-vis, à l'instar des pauvres taureaux espagnols qui font semblant de se défendre pour flatter l'amour-propre des toréadors.

Ah! que non! il ne se compromettrait pas, en faisant danser cette pauvre péronnelle d'Anne devant un public de choix et plusieurs conseillers municipaux ; elle venait, il est vrai, de couper son unique jupon pour raccommoder sa propre culotte : mais cela ne lui donnait pas le droit de se déshonorer dans le monde. Il faut de la reconnaissance, mais pas trop n'en faut.

— Écoute, petite, dit-il d'un ton soudainement protecteur à la pauvre fille, veux-tu que je te donne un bon conseil ? Ne viens pas demain au Pardon.

— Pourquoi ? fit Anne tremblante, avec des larmes déjà dans les yeux.

— Mais, parce que... parce que tu n'es pas assez bien mise. Ce n'est pas ta faute. Mais ça te ferait mal remarquer.

— Oh! Lohic! fit-elle, avec des reproches infinis dans la voix, que c'est mal ! Et toi, tout à l'heure, si je ne t'avais pas raccommodé ton pantalon ?

— Oui... Mais, enfin, il est raccommodé maintenant, et ton jupon à toi a un trou.

Tant de cynisme dans l'ingratitude épouvanta la pauvre enfant. Elle regarda Lohic avec des yeux étranges et, prenant subitement sa course, disparut, pareille à l'antique Galatée, sans ajouter un seul mot.

IV

Ah! l'on dansait ferme sous les grands arbres ; les joueurs de biniou, montés sur des tonneaux de cidre, s'essoufflaient, pesant du coude sur les outres velues, enflaient leurs joues comme les Amours badins des toiles de Boucher, secouant dans l'air des notes aigres comme des merises cueillies trop tôt, se démenant comme des diables enfermés dans des bénitiers. Hou! hou! hou! hou! gni! gni! gni! gni! c'était tour à tour, comme le vent qui gémit et comme les chiens dont on écrase la queue. Et les lourds danseurs retombaient en cadence avec des cris joyeux, des cris de bêtes saoûles. Des pantomimes naïves s'échangeaient entre amoureux. Notre Lohic faisait le faraud dans l'assemblée et des cercles se formaient, autour de lui, pour admirer ses pas de godelureau en délire. Le père Cornebec, lui-même, lui prêtait attention et le regardait d'un œil plus bienveillant que d'ordinaire. Pendant ce temps, un gros hanneton, tombé des branches, se promenait sur le dos de Marie la Bombée, comme Napoléon sur le rocher de Sainte-Hélène. C'était une façon de kermesse à laquelle ne manquaient pas les pisseurs en plein vent, dont Rubens aimait à caresser du pinceau la trogne.

Anne entra, très triste, mais une grande résolution dans la physionomie. Elle s'arrêta dans un coin, très délaissée à cause de son indigent accoutrement. Tout à coup, se glissant dans le groupe où triomphait le perfide Lohic, elle montra du doigt à Fanny la Futée, la pièce qui déparait et bariolait la culotte de son bon ami, pièce qui apparaissait, chaque fois que celui-ci écartait ses guiboles. Fanny la Futée la montra, à son tour, à Jeanne la Moufflue, et Jeanne la Moufflue à Césarine la Friponne. Et ce fut bientôt, comme une traînée de poudre qui s'enflamme, un chapelet de rires argentins et moqueurs qui s'égrena, perles tombant des bouches roses et railleuses des jeunes filles. Cette hilarité se communiqua aux hommes qui en eurent immédiatement la rate intérieurement frisée. La gaieté devint formidable, et Lohic, qui finit bien par s'apercevoir qu'il en était l'objet, s'arrêta tout interdit et tout rouge sous le regard particulièrement narquois du père Cornebec. En se retournant, il aperçut Marie la Bombée, dont la bosse sautillait de contentement, comme un ballon de caoutchouc qui achève de rebondir.

Désespéré, hors de lui, il regarda où se tendaient tous les doigts vers lui et à quel point de sa personne. Il comprit, sentit sa honte plus ardente encore, et, par un sentiment de lâcheté qui porte les malheureux vers les amis autrefois délaissés, apercevant Anne, il courut vers elle.

Mais, impitoyable dans sa vengeance, celle-ci, par un mouvement brusque fit face... non ! pile au public qui poursuivait Lohic, retroussa vivement sa jupe, montra l'énorme accroc de son jupon par où apparaissait un plein quartier de son derrière blanc comme une botte de lys et nacré comme une vague :

14.

— Mesdames et messieurs, fit-elle d'une voix stridente de rage, voilà où était, hier, ce que ce monsieur a entre les jambes aujourd'hui !

C'est, du coup, que le mariage Cornebec était raté ! Bonsoir la compagnie !

L'OYSELET

L'OYSELET

I

Quand elle passait, radieuse dans l'épanouissement des roses trémières presque aussi hautes qu'elle, comme elle élancées et fleuries de tons d'une exquise tendresse et qui la semblaient saluer de leurs longues tiges tremblantes, elle était l'orgueil du grand jardin et l'emplissait de rayons mieux que l'aurore elle-même. Le grand éclat de sa jeunesse s'épandait en mille ruisseaux lumineux sur toutes choses et les oiseaux chantaient sa grâce adolescente avec des trilles éperdus, comme s'ils saluaient, en elle, un invisible frère prêt à ouvrir, comme eux, ses ailes dans la sérénité du ciel. On eût dit qu'ils excitaient ce mystérieux compagnon à prendre aussi sa volée. Elle écoutait, elle, avec une rêverie charmante dans les yeux, cette musique endiablée. Cet hymne innombrable qu'éveillait son passage l'emplissait comme d'un orgueil inquiet et ses lèvres semblaient lui faire une muette réponse, avec un mouvement de baisers plutôt que de paroles. Ainsi, était-elle l'image troublée de l'Innocence, une façon de Psyché champêtre que conseillait déjà perfidement la Nature, en attendant la défaite suprême de l'Amour. Devant que celui-ci-ci l'enveloppât de la caresse victorieuse de son aile, elle en respirait le souffle embrasé déjà dans la griserie des parfums matinaux, dans l'haleine des fleurs ouvrant leurs calices, dans le frisson que laisse dans l'air la fuite de la dernière étoile. Elle avait cette gaucherie adorable des jeunes filles qui semblent porter le poids d'un secret qu'elles-mêmes ne savent pas, un coffret dont elles n'ont pas la clef, quelque chose de lourd et de sacré qui les inquiète et dont elles hésitent cependant à se débarrasser. Vous ai-je dit que c'était une pauvrette et gagnant sa chétive vie dans de menus travaux d'horticulture, pour la plus grande beauté des parterres de M. le baron de la Humevessière, riche gentilhomme de l'Angoumois ? Non ! Eh bien, j'ajouterai à ces détails qu'elle se nommait Andrée et que son vieux roquentin de seigneur guignait ce fruit vert avec des yeux extraordinairement concupiscents, en guettant les maturités hâtives, épiant les premières rougeurs de sa pulpe savoureuse, se pourléchant les babines par avance de ce beau souper de jeunesse et de fraîcheur immaculée. Tout à fait du vieux régime, le baron, et reprochant fort aux institutions nouvelles la suppression de ce tant benoît droit de jambage qui constituait le seul des privilèges de la noblesse auquel j'eusse malaisément renoncé. Car aucun des droits de l'homme qu'on a solennellement proclamés ne me paraît avoir remplacé avantageusement celui-là.

II

Ce n'était pas, au moins, un homme d'appétits grossiers que ce la Humevessière. Un raffiné, bien au contraire, et qui faisait la cour à la petite avec des discrétions infinies et des ruses rassurantes, comme les galants de l'Ecole des Conquêtes, au temps où l'Amour était considéré comme une petite guerre, une aimable guerre, comme dit Voltaire dans une célèbre chanson. Ayant lu Parny dans sa jeunesse, Parny que nous méprisons trop aujourd'hui, il était essentiellement madrigaleux et, comme Andrée avait appris à lire, il la poursuivait de petits morceaux poétiques dans le goût de nos aïeux, et dans tous, lui donnait-il le même conseil intéressé, celui de ne laisser pas prendre par un autre ce bien qu'il se promettait depuis si longtemps. Car la gamine n'avait pas eu douze ans que le vieux drôle avait commencé ses stratégies, plus soucieux de la sagesse de cette enfant, que s'il eût été son propre père, ce qui, Dieu merci, n'était pas. Car une histoire d'inceste ne serait pas pour les gaîtés ordinaires de ma plume.

Un échantillon de ces vers, qu'on eût dit inscrits sur des rocailles, me paraît seyant dans ce récit empreint, avant tout, de vérité. En voici un dont le rimeur peu difficile se montrait particulièrement content et qu'il récitait volontiers à ses amis, après boire, à moins qu'il ne le chantât, ce qui était encore une mode d'autrefois.

I

S'il te plaît, gente pucelle,
Ne laisse approcher, vois-tu,
Du doux trésor qui recèle
Le secret de ta vertu.
Que nul ne te le dérobe,
Riche ou jeune, bel ou laid !
Et garde-moi l'oyselet
Dont le nid est sous ta robe.

II

Chacun sait, dans le verger,
Qu'il ne chante pas encore,
Que c'est un duvet léger
Seulement qui le décore.
Mais de cet oyselet-là
La plume est bientôt poussée,
Et sa trace est effacée
Aussitôt qu'il s'envola.

Andrée qui était très bébête, promettait solennellement au gourmand de virginité. Peut-être était-elle de bonne foi et ce sacrilège, cette profanation aurait attristé la Nature qui n'aime pas ces vilenies de moissons de lys faites par des moissonneurs ayant de la neige au front. Mais un Dieu bizarre qui régit toutes choses aujourd'hui (autrefois c'était l'Amour), se mit en travers de cet abominable destin. Les amis politiques du baron le convainquirent qu'un la Humevessière ne pouvait manquer au grand assaut que les partis vont donner à la République et que toute la haute Panuche (j'entends la gentilhommerie) de l'Angoumois le voulait à sa tête. Notre homme, — comme tous les bons paillards dont c'est l'éloge — n'était pas ambitieux. Mais il lui fut démontré que ses aïeux, morts de la gale aux Croisades, lui viendraient tirer les pieds sous les couvertures, s'il ne faisait partie de la nouvelle Chambre qui va sauver un malheureux pays dont l'Exposition vient de prouver si clairement la décadence. Le baron se laissa faire... il se laissa même faire cocu.

III

Cocu? non! Puisqu'il n'avait pas encore de droits. Cocu par anticipation. Cocu avant la lettre, vice-cocu si vous l'aimez mieux (par ce temps de fonctionnariat à outrance, il doit y en avoir certainement), cocu surnuméraire, cocu sans appointements. Je veux dire que durant qu'il rédigeait des professions de foi annonçant le réveil de la moralité dans notre pays et le triomphe prochain d'une universelle honnêteté, Andrée se laissa chipper sa colombe noire — vous ai-je dit qu'elle était brune comme la nuit ? — Elle fauta positivement, comme on dit au village. Elle fauta avec un gars de vingt ans qui délivra du coup, non pas un seul oiseau, mais toute une couvée. Car il s'y reprit à six fois pour son œuvre libératrice, n'y marchandant pas sa peine et ne souffrant pas qu'un seul des captifs demeurât sous les verrous, charmants cependant, où il était enfermé. Parlez-moi des gens qui ne prennent pas ainsi les Bastilles à demi.

La Humevessière promettait, au contraire, à ses électeurs, le rétablissement des Bastilles et un franc retour aux gaietés d'un régime injustement décrié. Ce n'était pas un temps médiocre, en effet, que celui où l'on arrachait au monde tous les gens gênants, et il n'est pas de gouvernement sérieux qui ne le regrette. Entre deux tournées, cependant, le malheureux candidat demanda à ses metteurs en scène l'autorisation de faire, dans son castel, un entr'acte de quelques jours. Il pensait à Andrée et en oubliait son programme. Il ne disait plus que des bêtises dans les réunions publiques et y tenait des propos inconvenants. Aussi, la permission qu'il sollicitait fut-elle accordée avec empressement. Il arriva très enfiévré dans son domaine. Andrée rougit très fort en le voyant, si fort qu'il comprit du premier coup d'œil qu'elle avait dépouillé, sans lui, son auréole et mis son nimbe virginal à un vestiaire dont il n'avait pas eu la concession. Sur les grands chemins de la politique, le gentilhomme n'avait rien perdu de ses formules fleuries.

— Malheureuse ! qu'as-tu fait de l'oyselet que tu

m'avais promis? s'écria-t-il avec de réels sanglots dans la voix.

Andrée était une excellente créature, et une telle douleur lui fit mal à voir.

Avec des coquetteries infinies, des chatteries pleines de compassion, des pitiés faites de caresses, adorablement câline et confuse, les yeux pleins de promesses, un souffle de baisers aux lèvres, elle s'approcha du pauvre Humevessière, l'enveloppa de son regard comme un enfant qu'on emmaillote quand il pleure, et, relevant doucement sa jupe jusqu'au ras des genoux, découvrant ainsi une jambe exquise, jugeant encore que le mieux était de parler à ce poète dans la langue des dieux, la seule que nous comprenions, nous autres faiseurs de rimes, d'une voix persuasive et pénétrante, elle improvisa ce dernier couplet à la chanson du baron.

> Que ce bien fragile et tendre
> Ne vous ait pas attendu,
> C'est vrai ! — Mais daignez m'entendre :
> Pour vous tout n'est pas perdu.
> Du regret qui le saccage
> Votre cœur soit consolé !
> — L'oyselet s'est envolé,
> Mais il vous reste sa cage !

Et j'ajouterai :
— C'est l'essentiel !

AH! JEAN!

AH! JEAN!

I

C'est une justice que mes contemporains me rendront de n'avoir pas abusé des plaisanteries sur les nonnains et sur les moines. J'en avais cependant reçu l'exemple des deux conteurs que j'admire le plus au monde et que je voudrais pour maîtres : Rabelais et Lafontaine. Mais, au temps où ces nobles et généreux esprits prenaient les maisons de Dieu pour cibles, celles-ci avaient pour hôtes des joyeux, des oppresseurs et des triomphants. C'est au pouvoir qu'ils s'attaquaient, en Français de bonne race. De nos jours, moines et nonnains sont les persécutés et les calamiteux, et il n'est qu'à se tenir au bord du chemin où ils mendient pour leur jeter des pierres. J'ai pour les proscrits de toutes les causes une inguérissable pitié.

Et c'est être innocent que d'être malheureux

est tout à fait ma devise. Toute religiosité à part, je regrette les congrégations au point de vue du pittoresque. Dans mon cher Toulouse, par exemple, on ne voyait guère autrefois, comme dans toute ville latine qui se respecte — et, dans les rues s'entend où ne se hasardaient pas les honnêtes femmes — que des capucins, des catins et des militaires. On a chassé ces frocards, comme vous le savez, et un certain équilibre en semble rompu. Les catins n'ont plus cet air de douce béatitude que donne la fréquentation des dispensateurs de la miséricorde divine, et les militaires, qui n'ont plus à redouter la concurrence, se mettent moins en frais de coquetterie avec le beau sexe. C'est qu'ils étaient admirables nos capucins toulousains avec leurs grandes barbes et des yeux clairs d'enfants où se lisaient des gourmandises seulement rêvées. Nous possédions aussi des « Dames de la Réparation » portant encore le costume élégant, aux azurs pâles, de mademoiselle de La Vallière repentie. Je ne me sens pas le courage de railler ces vaincus, même innocemment, dans les histoires sans méchanceté que j'ai coutume de vous dire.

Mettons donc que l'aventure qui suit se soit passée au temps des félicités claustrales où l'Amour devait tenir une place certainement. Car imaginez-le donc que de belles jeunes filles soient enfermées, qui pensent à autre chose. Que d'impurs soupirs devaient s'exhaler sous ces mysticismes charmants ! Celles qui coiffaient la sainte Catherine admiraient bien davantage sainte Thérèse. De ces grandes maisons enfouies dans la profondeur des parcs où chantaient les oiseaux, où s'épanouissaient les roses, où la Nature se recueillait dans les silences du soir, bien des vœux montaient, sans doute, avec le parfum des fleurs et la plainte du rossignol et l'obscur frisson des cloches endormies, vers un Idéal vivant ayant d'autres attributs que les ailes des anges. Et j'imagine que le bon Dieu qu'on y adorait ne s'en fâchait pas. Pour moi, j'évoque volontiers l'ombre de ces inconscientes amoureuses dans la sérénité troublante de certains paysages à qui manque positivement l'ombre d'un couvent où tinteraient encore de lointains Angelus.

II

Sœur Ursule était, s'il vous plaît, une irréprochable nonnain et de dévotion sans nulle hypocrisie, ayant un égal mérite à cette sagesse — car elle était vraiment jolie comme un Amour — et à ce sérieux, dans la piété — car elle était de nature enjouée et malicieuse. Vous la voyez d'ici, dans son joli costume de recluse, son livre d'heures à la main, dans les allées matinales où descendaient de grandes ondées de soleil, entre les haies de rosiers d'où montait un bourdonnement d'abeilles égarées. Par permission spéciale, en dehors de ces méditations aurorales, elle exerçait un art profane, ayant pour la peinture un goût tout à fait distingué. Elle avait commencé par enluminer des missels ; puis une plus grande ambition lui était venue et elle faisait de véritables tableaux — tableaux de sainteté s'entend, et empruntés à la belle légende évangélique. Elle vous avait une façon de friser la peau d'un agnelet sur le dos du petit saint Jean, ou d'appuyer saint Mathieu sur les cornes d'un bœuf — comme aurait pu se faire représenter M. Naquet instituant le divorce — tout à fait originale et convaincue. Et le pigeon, plus avisé que le doux saint Joseph! Elle vous en lissait les plumes séductrices avec un talent vraiment particulier, et qui faisait trouver l'aventure toute naturelle. Dans une tourelle dont le couvent était flanqué, une tourelle emprisonnée dans une gaîne de lierre et de clématite, sœur Angélique, la supérieure, avait installé, pour l'usage de sœur Ursule, une façon de petit atelier rustique où nulle n'avait le droit de la venir déranger. Défense expresse était faite à ce sujet et d'autant plus expresse, quand commence cette histoire, que sœur Ursule avait promis à ses compagnes une surprise pour la décoration du maître-autel de la chapelle, au grand jour de la Fête-Dieu qui était proche. Il s'agissait d'un ouvrage considérable, d'une composition importante au pied de laquelle rayonnerait le soleil menteur de l'ostensoir sur la blancheur lunaire de l'hostie. Le sujet ! Quelques indiscrétions avaient été faites, sans doute, car on se répétait tout bas qu'il s'agissait d'un Adam repenti devant le seuil fermé du Paradis. Et, de fait, c'était bien l'image qu'avait tentée l'exquise nonnain, se réservant de lui donner, pour pendant, un jour, le même Adam réintégré dans les jardins célestes par les ineffables vertus de la Rédemption et du repentir.

Admirable matière à mettre en vers latins

comme sont les proses rimées qu'on chante au lutrin.

III

Le portrait d'Adam était à fort peu près achevé quand un scrupule, ou mieux un délicat sentiment de modestie inspira à sœur Ursule de prendre, au moins, l'avis de quelqu'un sur son œuvre, avant de la soumettre à l'admiration du couvent. Il y avait, dans celui-ci, un vieux jardinier nommé Jean qui n'était pas une bête. On le consultait volontiers sur toutes choses et non pas seulement sur celles de son état, bien qu'il fût le premier homme du monde pour buter les asperges en la saison. Mystérieusement, la nonnain anxieuse le fit monter en sa tourelle, et le mit en face, inopinément, sans préambule, de l'Adam dont elle venait de peigner le dernier cheveu. Le buteur d'asperges tomba en contemplation véhémente, puis tout aussitôt se mit à rire comme un petit fol. Quelle délicieuse innocente que cette Ursule! quel trésor de naïveté vraie et d'improbable candeur! Dans son ignorance absolue des attributs qui donnent une légitime impertinence à notre sexe, n'avait-elle pas oublié!... Non! tichtre ; elle n'avait rien oublié, puisqu'elle ne savait pas! Enfin son Adam n'aurait pu avoir de postérité que par le miracle ou par l'aide bénévole d'un ami. Rien dans les mains, rien dans les poches, et surtout rien entre l'endroit des poches! Saisissez-vous, belle dame, ou plutôt, saisissez-vous l'impossibilité de rien saisir? Toute révérence gardée, l'auteur de notre race était comme un vase sans anse, ou comme un cochon sans queue. Ah! plût au ciel que saint Bistoquet, patron des progénitures, en eût décidé ainsi et n'eût pas pourvu ce déplorable aïeul des génésiques facultés qui ont empuanté le monde d'un tas d'imbéciles et de politiciens, oppresseurs des autres bêtes, honte de la tranquille mappemonde qu'eussent dû, seuls, habiter les colombes et les agneaux! Foin de l'homme sorti de cette fâcheuse boîte de Pandore! et que sœur Ursule avait eu raison d'en faire justice, dans sa chaste imagination!

— Mon doux Jean! qu'avez-vous à rire? demanda-t-elle, très troublée, au jardinier.

Celui-ci refusa d'abord de répondre, continuant à s'esclaffer, comme un sot, dans sa large main, puis, à travers un vrai sanglot d'hilarité :

— C'est que, ma sœur, vous avez o... vous avez o o... vous avez omis...

— Quoi donc? demanda la sœur inquiète.

Et comme le botaniste pratique continuait de se frotter douloureusement la rate :

— Jean, lui dit-elle avec solennité et douceur tout ensemble, montrez-moi ce que j'ai omis! Car le Seigneur nous ordonne de respecter la vérité en toutes choses et je serais très marrie que mon Adam ne fût pas de tous points conforme à la réalité, d'autant plus qu'il est dit positivement dans la Bible que Dieu l'avait fait à son image. Je ne voudrais pas cependant faire de Dieu un portrait incomplet. Ce serait certainement un péché mortel et un procédé blessant envers le Créateur de l'univers. Vous êtes fait aussi suivant le divin modèle et, tout comme Adam, vous êtes un exemplaire de cette médaille immortelle. Montrez-moi, vous disje, ce qui manque ici, et ce que vous avez certainement, je le copierai au plus vite. Ne perdons pas un instant.

Jean commençait à ne plus rire. Il était partagé entre l'obéissance qu'il devait à toutes le sœurs et l'inconvenance de ce qu'il lui fallait faire pour obéir. D'autant que, bien qu'âgé déjà, il était, comme a dit Rabelais, de la nature des poireaux, (cherchez ce rébus mesdemoiselles) et que l'aimable compagnie d'une aussi aimable nonnain que sœur Ursule lui avait réveillé dans le cœur, — et même plus bas — les vingt ans que les vieillards heureux y tiennent quelquefois cachés, pour les grandes circonstances. Ne m'en demandez pas plus long.

C'est trop long déjà. C'était, pour lui, la même chose.

Il se résigna tout de même à obéir, et, même avec un petit éclair d'orgueil sur le visage.

— Ah! mon Dieu! fit sœur Ursule en se signant.

Et, sans ajouter un mot, elle commença de copier froidement, et d'un pinceau recueilli, le supplément du modèle qui était mis, avec quelque vanité, sous ses yeux.

Adam n'eut pas à se plaindre, ni à rougir devant la postérité. Honni soit qui mal y pense

IV

Le grand jour de la Fête-Dieu est arrivé. Couvert d'un velum, le tableau a été descendu de la tourelle, puis posé au-dessus de l'autel, et c'est seulement au moment le plus solennel de l'office, qu'il apparaîtra dans l'éclat imprévu de ses couleurs. Sœur Ursule est terriblement émue et son petit cœur bat sous sa main blanche, comme l'aile d'une tourterelle captive. Rien ne l'inquiète cependant, plus qu'autre chose, dans le tableau qu'elle a candidement mis au point. C'est l'impression générale qu'il fera qui la tourmente. Pour être nonnain on n'en a pas moins son petit amour-propre d'artiste. Demandez plutôt à sœur Rosalie qui chantait un cantique, à l'orgue, avec des tremblements harmonieux dans la voix! Car j'adore les voix timides de jeunes filles qui sont comme un frisson de musique dans le recueillement parfumé d'encens des églises. Sœur Ursule était donc anxieuse au dernier point. Un homme qui n'était pas tout à fait à son aise, non plus, c'était le jardinier Jean qui s'était soumis à la règle d'obéissance, mais qui redoutait, vaguement, de cette soumission même, quelques inconvénients. Agenouillé, devant l'autel où il servait la messe, le vieux cafard affectait plus de componction que jamais et plus de détachement des choses de la terre. Il semblait positivement anéanti dans le sentiment de l'éternité.

La clochette sonne. L'encens fume. Crac! le velum est enlevé.

— Ah! que c'est beau! s'écrient toutes les jeunes filles, ne pouvant retenir un cri d'enthousiasme au fond de leurs vierges poitrines.

Mais sœur Angélique, la supérieure qu'on ne trompe pas, s'est déjà voilée la face de ses deux mains, laissant seulement glisser, entre ses beaux doigts fuselés de femme en pleine maturité savoureuse, un regard de reconnaissance et de reproche sur le jardinier toujours confit en oraisons, avec ces simples mots sur les lèvres :

— Ah! Jean !

NATURALIA.

NATURALIA

I

Non sunt turpia, ajouterai-je, pour me mettre à l'abri sous un adage latin. Non pas que j'entende braver l'honnêteté dans les mots. C'est bien assez d'y manquer quelquefois dans les choses. Mais en quoi je ne suis pas de l'École nouvelle, c'est que j'ai toujours pensé que l'art des sous-entendus et des métaphores chastement ingénieuses avait été, mieux que la franchise brutale du verbe, un des plus grands charmes du vieil esprit français. Tout se peut dire et tout se doit dire, à condition que ce soit par paroles congrues et dont les oreilles délicates ne puissent être offensées. Cela n'est qu'un préambule, tout naturellement.

— Moi, dit gravement l'ex-commandant Pètenouille (les noms propres ne le sont pas toujours), je me suis trouvé, en Autriche précisément aussi, dans un cas tout à fait analogue à celui que contait, il y a quelques jours, un journal, avec cette atténuation qu'il s'agissait d'un besoin plus subtil, du plus menu de nos naturels besoins et que la nature elle-même a semblé vouloir excuser, en lui donnant pour organes ceux de notre économie dont il faudrait être bien sot pour se montrer dégoûté. Car tout ce qui y touche est ennobli par les hautes et sublimes joies, dont ils sont aussi les instruments. On gagne toujours ainsi quelque chose à se frotter à la bonne compagnie.

Comment me trouvai-je à Vienne, patrie des bières exquises, ce qui est bien encore une raison à donner en ma faveur, c'est toute une aventure que je vous puis narrer en quelques mots. Vous savez que madame Pètenouille est ardemment revisionniste. Elle ne sait pas pourquoi, moi non plus, mais enfin elle ne supporte pas l'idée qu'on laisse la Constitution comme elle est. Elle voudrait changer jusqu'à la mienne, parce que celle-ci est devenue un peu apathique en amour et conviendrait mieux à un vieux sénateur qu'à un jeune député. Enfin, ma femme ne m'a pas laissé de repos que je ne me sois engagé dans la grande propagande politique qui doit nous donner un honnête gouvernement. Le comité m'envoie par ci, m'envoie par là, je suis constamment par monts et par vaux. On ne me laisse plus huit jours tranquille à la maison.

— Et cela ne vous inspire aucun soupçon, Pétenouille ?

— Les plus graves, dit sans sourciller le brave commandant ; mais, quand ces choses-là doivent arriver, j'estime qu'il vaut mieux encore ne pas être là. D'ailleurs je ne suis pas fâché, moi-même, de voir un peu de pays. Mon apathie naturelle se dissipe quelquefois quand je n'ai plus affaire exclusivement à madame Pétenouille. De sénateur je redeviens député à l'occasion et je refais du parlementarisme actif dans une chambre nouvelle. Le changement est, en amour, un piment dont les estomacs blasés ont besoin.

— De sorte que vous aussi... ?

— Tant que je peux.

II

Et c'est pour cela même que j'étais allé à Vienne. Car j'avais ouï dire, depuis longtemps, que les Viennoises sont comme les lointaines sœurs de nos Parisiennes, élégantes aussi de tournure, avec plus de bonhomie dans le visage ; hospitalières et aimant à rire, pour ce qu'elles ont de belles dents et bien faites pour croquer les pommes. Brunes, fort souvent, avec des yeux sombres, mais constellés comme les nuits où l'on aime, quand les étoiles semblent en descendre dans le cœur aussi bien que dans les eaux profondes ; tout à fait idoines, en un mot, aux charnelles tendresses et aux longs enlacements dans la nudité exquise des solitudes à deux et des Thébaïdes partagées. Un pays est béni des dieux quand il produit de belles femmes et notre patrie, à nous autres, est partout où de rouges lèvres s'ouvrent comme des roses, où des bras ferment sur nous leur marmoréenne caresse, où l'odeur divine des chevelures nous met de mortelles griseries au cerveau. Eh bien, Vienne a tout cela. J'avais donc accepté d'aller à Vienne.

— Pour y préparer des élections ?

— Oui, en apparence ! Je faisais profession d'être à Vienne, en Dauphiné, mais comme par erreur, j'avais passé la frontière. Oh ! ma femme lit si négligemment mes lettres ! Je cherche à sauver les apparences, voilà tout. Pourvu que je ne sois pas là !

Or, votre Diable Amoureux n'a pas menti. La cité autrichienne est celle des mieux tenues que je connaisse. Si bien tenue, que rien n'y est prévu de ce qui est cependant nécessaire dans une ville qui n'est pas absolument habitée par de purs esprits. Les établissements qui nous semblent les plus indispensables à Paris sont remplacés par ces simples inscriptions sur les murailles : « Il est défendu de... » « Il est interdit de... » Quoi ? même la petite pluie si nécessaire cependant pour abattre les grands vents ? Interdit d'imiter les célestes rosées ? Défendu d'imiter le murmure enchanteur des sources ? Je comprends que dans ce pays-là on ait intérêt à remplacer les vessies par des lanternes. C'est infiniment moins exigeant. Pas l'ombre d'une urne lacrymatoire aux angles des maisons ? Pas un de ces petits tableaux d'ardoise où les gens adroits dessinent d'humides paysages qui donnent, de loin, l'impression de Corots ? Pas même, sur les trottoirs les plus fréquentés, une de ces petites guérites incommodes avec des enceintes fortifiées, qui donnent à nos boulevards l'aspect de places de guerre hydrauliques ? Car je sais un vieux révolutionnaire qui prétend que les enveloppes extérieures de tôle avec des trous doivent tout simplement servir à tirer sur le peuple aux jours d'émeute, et sont de stratégiques appareils dissimulés par un but philanthropique. Rien ! vous dis-je, rien ! Dans le désert on ne peut pas boire, à moins qu'on ne rencontre une oasis. Dans ce Sahara au rebours, c'est le contraire, mais les oasis y sont absolument inconnues. Ce que certaines natures doivent y devenir incontinentes.

J'étais chargé de bocks, ce soir-là, comme un âne de reliques ; j'entends qu'il ne m'était pas plus permis de les mettre à terre que si c'eût été le corps auguste de quelque bienheureux. A chaque coin de rue, un sergent de ville narquois. J'avais bien tenté de me faufiler dans le couloir d'un magasin qu'on fermait. Mais j'avais immédiatement reçu du patron un vif coup de pied dans le derrière. J'étais franchement désespéré, à bout de courage, quand j'aperçus, en regardant machinalement, comme font les êtres qui souffrent, cette inscription à l'angle d'une porte : Docteur Hamilcar, *médecin*. Et, un peu au-dessous, sur une petite plaque électriquement éclairée, ces mots encore : *Sonnette de nuit*.

Je sonnai.

III

Après une attente qui me parut tout simplement mortelle, le praticien apparut dans une vaste robe de chambre; air grave et cheveux déjà blancs ; un homme respectable et qui ne donnait aucune envie de rire, solennel jusqu'à l'ennui, mais d'un comme il faut qui en imposait. Avant qu'il arrivât, j'avais jeté les yeux sur sa bibliothèque et j'avais découvert qu'il était l'auteur d'un *Traité de l'écoulement des liquides*. Franchement, je ne pouvais pas tomber mieux.

Avec une franchise toute militaire, je lui dis la nature du besoin qu'il m'était impossible de satisfaire.

Me montrant alors, sur une table, et, dans un grand cornet de cristal, une collection de petits tuyaux de pipe en caoutchouc, recourbés à l'endroit des lèvres :

— Je vais vous soulager à l'instant, me dit-il, mais auparavant, je vous prie, faites un dernier effort.

Et, dans une façon de table de nuit qui se trouvait là à point, il fut quérir ce vase que les Grecs appelaient Amis, sans doute parce que plusieurs de nos meilleurs compagnons eux-mêmes ne suffiraient pas, en certains cas, à nous rendre les mêmes services. Gravement, toujours, il me le mit en mentonnière ailleurs qu'au-dessous du menton et prit la peine lui-même de disposer le jet d'eau au-dessus de la vasque du bassin.

Mes enfants, ce fut une cataracte, une chute du Niagara, un déluge ! Une inondation !

— Eh ! mais ! me dit le docteur Hamilcar interloqué, il me semble que vous fonctionnez fort bien !

— Certainement, docteur, lui répondis-je... Mais à la condition qu'on me le permette.

Il se vengea noblement de cette délicate plaisanterie en me demandant cinq louis pour le prix de l'opération.

Avec un étonnement plein d'impertinence, je le regardai comme pour m'assurer qu'il n'appartenait pas à un autre sexe et j'ajoutai deux francs à la somme demandée, en lui disant : c'est pour la bonne.

Naturalia non sunt turpia. Il y a de belles femmes à Vienne !

SIMPLE BADINAGE

SIMPLE BADINAGE

I

— Et vous croyez, major, qu'un mois de traitement me sera encore nécessaire !
— Au moins, fusilier des Haudryettes.
— Et, avant, je ne pourrai pas...?
— Je compte sur votre délicatesse pour ne pas même tenter.
— Mais, major, je suis marié ! mes vingt-huit jours finissent demain. Il faut que je rentre chez

moi. Ma situation est abominable, que dire à ma femme ?

— Fusilier des Haudryettes, il ne fallait pas faire de bêtises.

Et le médecin major tourna le dos, en sifflotant une gavotte, tout en continuant sa consultation.

Le vidame Noël-Carpotin des Haudryettes était absolument atterré.

Ah ! oui, des bêtises ! Mais aussi pourquoi le baron Guy des Aigremolles avait-il payé du champagne en faisant ses adieux au bataillon ? On avait ri, on avait bu, on avait perdu la tête. La chair est faible à vingt-cinq ans ! Oh ! il se rappelait à peine ! Des fillasses horribles et sentant le tabac ! et il avait trompé, avec ces gothons, sa délicieuse Virginie qui l'attendait avec tant d'impatience et qui lui écrivait tous les jours ! Tromper ! Est-ce que cela peut s'appeler tromper ? Il ne savait seulement ce qu'il avait fait ! Il s'en doutait cependant aux ennuis qu'il en avait eus ensuite ! Un mois ! un mois sans dire le bonjour qui porte en soi l'oubli de la plus longue absence ! Comment expliquer cette abominable réserve ? Ah ! Virginie était l'innocence même, la candeur en personne et on pourrait tout lui faire accroire. Mais la tante Bernuchon ! la tante Bernuchon qui avait été trente ans mariée à un feu Bernuchon qui lui en avait fait voir de toutes les couleurs ! La tante Bernuchon qui s'était opposée, de son mieux, à un mariage contraire à ses principes démocratiques, et qui avait prédit à sa nièce qu'elle se repentirait d'épouser par amour un gentilhomme sans le sou ! La tante Bernuchon qui, ayant élevé

Virginie orpheline, était restée, même dans l'hyménée, sa confidente naturelle et qui ne manquerait pas de tirer au clair une situation dont une ombre discrète était la seule ressource! Il y avait de quoi perdre la tête. Notre vidame était un garçon résolu qui se dit que tout était possible, excepté de loyales explications sur son inconduite et les traces qu'elle avait laissées. Il valait mieux épouvanter son imagination par la nouvelle d'un désastre exorbitant, frapper un coup terrible qui ne permît ni pour qui, ni pourquoi, ni commentaire.

Quand il se trouva, à la gare, en face de sa femme qui lui ouvrit ses bras à y engloutir un monde :

— Ma pauvre Virginie, dit-il d'un accent lamentable, je ne vous rapporte que le buste de votre mari.

Et comme la tante Bernuchon levait son parapluie jusqu'au ciel, en tâchant de comprendre, il raconta une histoire effroyable de chute de cheval ayant nécessité une opération radicale, une mesure sans appel.

Et pour ajouter à la vraisemblance, il fit ce récit d'une voix de fausset suraiguë, ressemblant si fort au chant des oiseaux, que les alouettes de la route vinrent se mirer, au-dessus de sa tête, dans son casque de cuirassier qu'il portait encore.

— Mon enfant, nous demanderons le divorce, s'était écriée la tante Bernuchon en prenant dans ses bras Virginie à demie évanouie.

II

Mais la tante Bernuchon avait compté sans la tendresse héroïque de Virginie pour son époux. La jeune femme, qui avait de la lecture, déclara qu'elle renouvellerait la légende sublime du Paraclet, où la douce Héloïse demeura fidèle à Abailard, malgré la mésaventure de celui-ci. Ah! ce fut une triste maison pendant les semaines qui suivirent. On eût fait tourner un moulin à vent avec les soupirs que poussait Virginie. Le soir, quand venait le soir surtout! L'adieu qu'on se disait, sans oser s'approcher les lèvres, en se touchant à peine la main! Et ensuite, la double solitude et le réciproque abandon, à quelques pas l'un de l'autre, dans la Nuit pleine de voluptueux conseils et de tièdes parfums. Ces heures que réclamait l'Amour et qui passaient lentes, sans amour. Et le souvenir des anciennes caresses qui soufflait, comme un feu méchant, sur les cendres mal éteintes! Les nuits, les longues nuits, après un bonheur si rapide. Car, lorsque le vidame était parti pour le régiment, on était marié depuis deux mois à peine. Deux mois, juste de quoi apprendre et regretter! Ah! la tante Bernuchon avait eu raison. Sa prophétie avait porté malheur! Pauvre Noël! l'accuser au lieu de le plaindre!

Et la pauvre petite femme, pure comme un lys, dévouée comme un chien, tout sacrifice et tout fidélité, laissait couler de jolies larmes sur la dentelle de sa chemise élégante, où ces perles vivantes s'accrochaient comme la rosée matinale aux menues branches des haies.

Durant ce temps, notre sieur Carpotin des Haudryettes continuait ses pharmacies endiablées et la santé lui revenait si sensiblement qu'il jugea que le temps était venu de consoler, un peu, l'immense douleur qu'il avait faite.

— Ecoute, ma Virginie bien-aimée, dit-il à sa femme tout bas et sur un ton qui avait retrouvé ses notes graves. Tout n'est pas perdu. L'avenir demeure à nous.

Et, gravement, avec un toupet que les circonstances seules excusaient, il lui narra qu'il était entré par correspondance en relations avec un certain orthopédiste parisien, le docteur Tranchelevent, qui suppléait merveilleusement à la nature, dans les cas analogues aux siens. Ce remarquable inventeur garantissait l'illusion complète. Les détails à donner eussent été inconvenants. Mettez que tout fût, et de tout point, conforme à la réalité, avec le charme, en plus, d'un objet neuf.

Virginie écoutait émerveillée et souriante et pleine d'une foi où éclatait sa tendresse.

— Je t'en conjure, continua le vidame, pas un mot à la tante avant mon retour ! Je partirai demain pour Paris et reviendrai, aussitôt ce précieux osanore d'un genre nouveau posé.

Virginie promit et tint parole. La femme n'est jamais parfaite, même en tant que femme.

III

C'est mystérieusement, comme un amant, que le vidame avait regagné la chambre nuptiale, contumace du plus aimable des forfaits. Vous conterai-je cette nuit de délices après tant de désespérances ! Je le pourrais, parce qu'il s'agit de légitimes amours et de tendresses autorisées par la loi. Ce fut une musique de baisers dans l'alcôve pleine de parfums ; une oaristys sous la fausse verdure des rideaux à grandes fleurs pleines de papillons et d'oiseaux ; une sainte orgie de caresses dans l'ombre à peine traversée de lunaires reflets. La vraie Lune, la vraie Phébé, l'immortelle était, non pas dans le ciel, mais dans les draps où d'honorables et jeunes époux se donnaient un avant-goût des béatitudes Olympiennes.

C'est la tante Bernuchon qui éclata de rire quand Virginie, très sérieusement et les yeux délicieusement meurtris, lui conta la chose le lendemain.

— Allons donc ! Une fausse... Ah ! non ! c'était trop fort ! Avec ça que ce ne serait pas plus connu et tout à fait célèbre ! Jamais la science n'en arriverait là ! On s'était moqué d'elle. Elle avait rêvé.

Alors Virginie, avec une solennité douce, jura sur le salut de son âme et prit sa patronne à témoin de la véracité de son récit.

— Je le croirai quand je l'aurai vu ! fit ce saint Thomas femelle en jupon de soie rapée. Car la tante Bernuchon, fort laide à l'ordinaire, était tout à fait désastreuse dans son déshabillé du matin.

— Vous le verrez, ma tante ! affirma Virginie.

Et elle s'en fut commander un bain pour son mari.

Son idée manquait bien un peu de décence, voire de délicatesse, mais surtout de respect pour une parente âgée. Mais elle savait la tante Bernuchon plus curieuse encore que réservée. Et puis, il s'agissait de son bonheur, à elle, de son mari réhabilité, de la paix conjugale rentrée sous son toit. Son idée ! Elle était simple comme bonjour. Tous les garçons qui servent dans les cabinets des restaurants à la mode l'ont eue avant elle. Un imperceptible trou dans la cloison. La place suffit à un regard indiscret. C'était elle qui jetait le peignoir sur les épaules du vidame sortant de l'eau et elle le laisserait, comme par distraction, entr'ouvert, tel qu'un rideau soulevé par un printanier zéphir. Noël, qui n'était pas prévenu, se laissa faire en toute innocence et sans se douter qu'il donnait une intime comédie à une respectable dame, laquelle était devenue sa parente et lui devait laisser son bien. Cette scène de famille demande à ne pas être décrite. Je l'effleure du bout de ma plume sans y toucher longuement.

— Eh bien, ma tante ! fit avec une impétuosité triomphante Virginie, en courant ensuite auprès de la Bernuchon, durant que son mari achevait sa toilette.

— Peuh ! répondit la tante.

— Comment peuh !... Vous n'avez donc pas vu ?

— Si fait, mon enfant.

— Et donc encore ?

— Eh bien, je trouve que, puisqu'il avait les coudées franches, il aurait pu faire les choses moins économiquement.

LES HUMBLES

LES HUMBLES

I

L'Amour n'a pas besoin d'argent pour être heureux

dit un des vers les plus ridicules de M. Scribe. J'entends ridicule pour ce qu'il exprime une effroyable naïveté. Achille et Mélina en étaient bien la preuve. Qui, Achille ? Un brave instituteur des confins de l'Alsace, n'ayant pour fortune que ses huit cents francs d'appointements, ses vingt-cinq ans, une belle santé, une grande gaieté naturelle et un physique avenant. Qui, Mélina ? La légitime épouse de cet Achille, dont toute la dot avait consisté en cinq cents francs une fois donnés, plus beaucoup de beauté naturelle, dix-huit ans tout au juste, un embonpoint presque précoce, mais diablement agréable, enfermé qu'il était dans des lignes marmoréennes et d'un solide contact. Je n'ai plus à vous apprendre maintenant, qu'ils s'étaient épousés par amour, et même légèrement maudits par leurs familles, ce qui est viatique pour ces sortes d'hyménées. Ils allaient crever certainement de faim, avec les enfants qu'ils auraient. Mais aussi, eux malins ! ils s'étaient bien gardés d'en faire, et de manger, en inutile progéniture, le beau bien qui leur était échu, et dont ils tiraient non pas de lourdes moissons, mais de charmantes fleurs.

On avait jusque-là, vécu du traitement de l'homme en respectant le petit avoir de la femme. Mais cette diabolique Exposition, pour qui viennent les souverains des fonds mêmes du désert, mit le jeune couple dans un monde de folies. Eux seuls ne verraient pas cette tour Eiffel, qui est comme une étoile allumée au-dessus de Paris, et ces dômes merveilleux, cœruléens et phalliques, où le génie contemporain affirme sa virilité, et cette rue du Caire où les ânes d'Orient tiennent leur Académie, et ces miracles de céramique japonaise qui font les bonnes gens de Sèvres rêveurs, et les almées qui dansent du ventre, et les Espagnoles qui frétillent du pétard, que sais-je ! Ce spectacle inouï qui inquiète presque les âmes vraiment patriotes par sa splendeur et cette hautaine mélancolie de chant de cygne jeté devant la postérité ! Allons donc ! Les trains de plaisir n'avaient pas été inventés pour les caniches. Ils iraient certes, comme tout le monde, à cet universel rendez-vous. Achille demanda à son ministère un congé de quinze jours. Mélina fit un premier trou à son pécule pour s'acheter une pimpante toilette. Et tous deux, en s'embrassant à la gare, de joie, comme des gens qui se quittent et tout en demeurant ensemble, ils étaient partis emportant le reste et sans regarder derrière eux, les fenêtres ouvertes sur leur petite fortune envolée.

Le grand brouhaha de ces trains populaires ne les troubla nullement. Elle dormit toute une nuit ayant pour oreiller son épaule, à lui, et le cher parfum qui montait de ses lèvres entr'ouvertes lui donnait l'oubli de toutes choses et la griserie amoureuse d'une fausse solitude, ce que M. de Rothschild lui-même ne saurait acheter avec beaucoup d'argent. Que lui faisait tout ce monde où il ne voyait qu'elle, où il ne sentait que la pression de son corps alangui le long du sien ! Heureux, ceux qui partent ainsi, n'ayant que des baisers pour mesurer leur route et qui voudraient à l'infini le but qui ne leur paraîtra jamais trop loin !

II

Elle eut des étonnements d'enfant devant toutes ces richesses accumulées. Tout était trouble dans son cerveau de tourterelle soudain envolée de sa cage. On eut beaucoup de peine à la convaincre que ce n'était pas Paulus qui était président de la République. Achille eut, pour elle, toutes les gâteries d'un amoureux. Il lui offrit des gauffres préparées par des Hollandaises et la promena dans un cabriolet que traînait un jeune Annamite. A part une heure qu'il avait distrait pour son propre compte, dans le but d'écouter le professeur Topinard au musée d'anthropologie, il ne s'occupa guère que de l'amusement de sa compagne. Il lui montra comment se prenaient les Bastilles et comment opéraient, au temps de Ravaillac, les hautes cours de justice, spectacle d'une actualité incontestable. Très complaisamment, il se prêta pour elle à mille enfantillages coûteux, si bien qu'il ne demeura plus guère, dans la bourse, sans cesse assiégée, que de quoi satisfaire aux exigences du retour.

Ils s'en retournèrent comme ils étaient venus, dans un wagon bondé, où l'on mangeait des charcuteries variées, mais sans être incommodés le moins du monde, leurs bouches ne se quittant guère, comme deux fleurs que l'ouragan a, l'une contre l'autre, collées, isolées dans ce vacarme quelquefois railleur pour leur expansive tendresse, mais dont ils n'avaient nul souci. Il y a toujours un fonds d'envie dans la moquerie qui s'attache aux amants trop épris.

Amants! ils l'étaient bien plus qu'époux et les incrédules ne les voulaient pas prendre pour un authentique ménage.

Quand ils rentrèrent de grand matin, dans leur modeste appartement, ils s'y dirent le même bonjour, entre les draps, que s'ils ne s'étaient pas vus depuis six mois. Puis Achille, dont le congé expirait, se leva pour aller faire son cours aux clampins du village.

— Que te reste-t-il ? lui demanda sans anxiété Mélina.

Il fouilla, pour la forme, dans la poche de son gilet qu'il savait parfaitement vide.

— Pas un sou, répondit-il avec bonhomie. Mais j'ai à toucher, demain, le prix d'une leçon.

— Demain soit ! Mais, mon ami, comment souperons-nous aujourd'hui ?

— Avec des baisers, reprit-il le plus gaiement du monde.

Et, tout en riant, comme des enfants, avant de se quitter ils composèrent le menu d'un souper imaginaire, mais extraordinairement somptueux. Pas de potage, mais beaucoup de hors-d'œuvre. Entrées multipliées. Le rôti que vous pouvez deviner, salade de saison (un poète a dit que l'amour était de toutes) et du dessert d'un friand ! Durant les premiers services, c'est à pleines lèvres et sur le pourpre de la bouche, qu'on boirait le vin rouge et généreux qui est l'âme vivifiante des caresses. C'est à une autre coupe que pétillerait le vin blanc qui grise et anéantit délicieusement. Des bêtises, quoi ! Une vision pantagruéliquement amoureuse d'affamés.

— Surtout que tout soit prêt à mon retour ! avait dit en riant Achille sur le pas de la porte. Et tâche de ne rien brûler !

III

Détail absolument bourgeois : on avait sali, durant le voyage, tout le linge du couple imprévoyant. Mélina, qui était une courageuse ménagère, résolut de faire immédiatement, et elle-même, la lessive la plus nécessaire. Dans un large baquet de fer, qui avait déjà servi à cet économique usage, elle versa de l'eau bien claire et se dit, le savon déjà posé sur une chaise, que c'était par sa propre chemise qu'il convenait de commencer. Affaire de coquetterie charmante et non d'égoïsme, comme vous pourriez le penser. Après avoir tiré, l'une contre l'autre, les persiennes qui firent tomber des raies de lumière sur le plancher, laissant d'ailleurs la fenêtre ouverte, parce qu'il faisait un temps admirable au dehors, elle retira donc l'essentiel vêtement, qui seul, était demeuré sur elle. Sur son joli corps, souple, brillant de jeunesse, légèrement *dumeté* comme on disait au temps de Rabelais, ferme dans ses rondeurs savoureuses, délicieusement charnu partout où savent chercher les mains des aveugles eux-mêmes, des rayons perdus du soleil se prirent à courir aussi, semblant les reflets vivants de sa propre chevelure. Car, contrairement à mon esthétique, elle était blonde ; mais comme c'est Achille et non moi, qui couchait avec elle, je n'y vois aucun inconvénient. Blonde, d'un blond superbe d'ailleurs, avec des coulées d'ambre qui venaient mourir sur les épaules, comme sur un roc de marbre des lychens longtemps roulés par le flot.

Ah ! mes petits pendards, que vous aimeriez un abrégé des merveilles que découvrit, par ce simple mouvement, cette tant chaste Mélina, qui avait néanmoins un fessier si délectable. Mais Achille m'est sympathique et je lui ferais de la peine en vous en disant plus long.

Sa chemise ôtée, Mélina eut un moment de rêverie, comme il en prend à toutes les âmes pures. Avant de commencer son blanchissage, elle s'assit sur le bord du tonneau, où l'eau transparente se recueillit dans une image où ne figurait pas précisément son nez.

> Comme deux rois amis, on voyait deux soleils
> Venir au-devant l'un de l'autre,

a dit Victor Hugo. Les lunes ont aussi de ces conjonctions triomphales dans la sérénité des ondes claires répétant les astres du firmament.

Crac ! La porte s'ouvre subitement, et la pauvre jeune femme, dans un mouvement maladroit de surprise, se laisse tomber en arrière dans le baquet, éclaboussant jusqu'au plafond.

C'était cet imbécile d'Achille qui rentrait plus tôt qu'il n'était attendu, avec une fringale épouvantable du souper qui lui avait été promis. Aussi, sans prendre garde à l'accident, se rua-t-il comme une trombe, avec ces mots aux lèvres :

— Eh bien ! mignonne, le couvert est-il mis ?

Déjà remise de son effroi, et toute ruisselante, des perles lui courant sur la gorge, avec un large éclat de rire, elle lui répondit :

— Un instant seulement, mon amour, je fais rafraîchir le melon !

LE BON CONSEILLER

LE BON CONSEILLER

I

Ni le lys, — car on assure que le lys lui-même s'en laisse conter par l'insecte rose qui lui ronge le cœur ; ni la colombe, — car rien n'est moins chaste que leurs baisers enviés par Ronsard; ni l'hermine dont la blancheur est, par places, mouchetée de noir n'eussent pu symboliser la parfaite innocence, la candeur sans défaut de mademoiselle Irénée de la Mouleveyssière dont je prétends vous conter l'aventure ici. Et les excellentes gens que ses nobles parents, mais, par exemple, bornés en diable et tout à fait imbus des préjugés d'un autre temps! Sous le vain prétexte que l'histoire des Croisades mentionnait un La Mouleveyssière blessé, dans les parties charnues, par la flèche d'un Sarrasin, le père de damoiselle Irénée ne l'eût pas donnée au plus riche rôturier, bien que lui-même n'eût pas le sou. Comme si la pauvre enfant était pour quelque chose dans le dard maladroit qui avait failli crever l'œil d'un de ses aïeux! Et la chose — j'entends l'obstination du gentilhomme, — était d'autant plus fâcheuse qu'un roturier exquis était amoureux fou de cette descendante du preux : Sans naissance, soit! mais jéune, suffisamment beau, bien fait de sa personne, fort riche, ma'foi, et presque aussi naïf au fond que celle qu'il voulait pour femme : ce qui est toujours, en ménage, une grande chance de félicité. Car un mari qui y voit trop clair est presque toujours gênant. Une bonne bête est, pour une femme d'esprit, et même pour une autre, l'idéal des époux. Tout semblait donc assorti entre ces deux amoureux — car Irénée était loin d'être insensible à l'amour de ce galant — et c'était vraiment une pitié qu'un bonheur si certain fût contrarié par des billevesées.

J'ai omis de vous dire que ce manant aimable s'appelait Octave Bichon. Ah! il n'était question d'aucun Bichon dans l'histoire des Croisades!

Et j'ai un acteur de cette petite comédie à vous présenter encore, l'excellent Putois. fils de l'intendant du dernier La Mouleveyssière, ayant eu quelque fortune; traité de très haut par les héritiers actuels du nom, mais ayant toute leur confiance et celle de mademoiselle Irénée en particulier. Un drôle de corps que ce Putois, ayant la cinquantaine, une cinquantaine gaillarde et qui n'a pas encore sonné le glas de la jeunesse, grisonnante à peine aux sommets, mais encore pleine de sève aux racines; faisant le bon enfant, mais rusé comme un singe; franchement voltairien sous ses airs dévots, jugeant fort bien les fils de ses maîtres et dissimulant son parfait mépris, pour eux, sous les espèces d'un respect du meilleur ton. Vous voyez d'ici, n'est-ce pas? le personnage.

C'est à lui que damoiselle Irénée avait confié son chagrin d'être traversée dans ses premières tendresses. Et il lui avait dit de bonnes paroles qui lui avaient mis quelque confiance au cœur. Espérait-il donc convertir ses parents aux idées nouvelles? Irénée, elle-même, ne l'espérait pas. Mais il est toujours doux d'être consolé quand on aime d'un amour presque désespéré.

I

L'excellent Putois, qui avait des rancunes contre les vieilles races, poussait la complaisance jusqu'à favoriser des rendez-vous entre Octave et Irénée, rendez-vous que l'innocence, confinant à la bêtise des deux amants, rendait d'ailleurs absolument inoffensifs pour la morale. Tous deux se contentaient de soupirer dans le nez l'un de l'autre et de se lamenter sur les communes rigueurs de leur destinée. Peut-être y eût-il eu à mieux employer le temps. Mais Putois, lui-même, leur recommandait la sagesse, et ne manquait-il jamais de rôder autour des bosquets où lui-même avait ménagé leur rencontre, sous le murmure caressant des feuillages et sous le regard discret des étoiles. Le danger de sa présence soudaine était comme un correctif aux mauvais conseils qui nous viennent de l'air tiède et parfumé du soir et de l'âme des fleurs qui y passe, et de la musique d'amour qui monte de tous les buissons.

Or, par une de ces vesprées harmonieuses et embaumées, Irénée arriva toute joyeuse au temple verdoyant de leurs confidences ordinaires, et Octave faillit s'évanouir de joie, sur le gazon, en entendant ces mots :

— Mon ami ! mon doux ami ! Mon père consent.

Et, comme il voulait l'interroger, elle le pria de ne pas lui en demander davantage. Ah ! par exemple, il fallait qu'il s'attendît à une réception un peu froide, désobligeante même peut-être. Mais qu'importait ! leur bonheur était à ce prix.

Et, de fait, quand, le lendemain matin, à l'heure qui lui avait été indiquée, Octave vint solennellement faire sa demande, notre La Mouleveyssière, rouge de colère contenue, comme un coquelicot, lui tint ce langage peu diplomatique :

— Jeune misérable, je vous flanque la main de ma fille, puisque je ne puis faire autrement. Mais tenez que je me trouve absolument déshonoré de votre alliance et que je vous invite à ne jamais ficher les pieds chez moi. Housse ! manant, larron d'honneur, sale croquant et gibier de potence !

Et il lui montrait la porte du doigt.

— J'aurai là un beau-père bien peu poli, murmura *in petto* Octave. Mais j'aurai la femme que j'aime et c'est l'essentiel. Car ce n'est pas avec lui, c'est avec elle que je coucherai.

Et, comme il contait à Irénée anxieuse le succès inespéré de sa démarche, revenant sur le caractère inouï et imprévu de ce résultat :

— Mais qui, enfin, ma chère Irénée, vous a donné le moyen de vaincre la résistance de votre animal de père ?

Avec enthousiasme, mais tout bas, elle répondit :

— Cet excellent Patois !

III

Inutile de dire que La Mouleveyssière accumula les grossièretés, pendant les journées des cérémonies nuptiales, à l'endroit de celui qui était son gendre malgré lui. C'est ainsi qu'à la mairie il lâcha trois ou quatre pétarades qui firent éternuer tous les assistants, et, qu'à l'église, il chanta la messe tellement faux que le serpent lui-même en fut indigné et déposa son tablier sur le lutrin. Il refusa d'assister au repas de noces dont il avait composé le menu de façon à donner la colique à tous les convives. Par un raffinement de cruauté, il avait caché la clef du séjour où se rencontrent ceux qui ont trop longuement communié sous l'espèce du melon. Mesquines vengeances d'un esprit superficiel! Octave et Irénée eurent la colique comme les autres, mais ils ne s'en aimaient pas moins au sortir de la salle de danse que le La Mouleveyssière avait fait si fort cirer que plus de vingt personnes s'y étaient cassé quelque membre. Car ce vieillard obstiné, tout en rageant intérieurement comme un brochet dans l'épervier, avait voulu que tout se fît avec l'apparat ordinaire et sans rien omettre des réjouissances d'usage. Car, dans presque tous le pays, une fille bien née ne perd pas officiellement son pucelage, sans que tout le monde s'en réjouisse publiquement. Il n'y a vraiment pas de quoi, mademoiselle.

Or, comme les deux jeunes époux se retrouvaient enfin seuls dans le mystère de la chambre qui sera conjugale tout à l'heure, tout à l'éblouissement de son rêve réalisé, Octave s'agenouilla devant Irénée toute blanche et dont la chevelure secouait des pétales de fleurs d'orangers, adorable d'ailleurs dans sa toilette à peine chiffonnée, souriante et les cils baissés sur l'éclair mourant des dernières pudeurs. Alors lui prenant les mains, deux petites mains blanches, qui parfumaient leur prison comme des fleurs captives, avec une interrogation suppliante dans la voix :

— Me direz-vous, enfin, ma bien-aimée, le discours que, sur le conseil de ce vieil ami de votre famille, vous avez tenu à monsieur votre père pour obtenir son consentement à notre hymen?

Très simplement, sans rougir et comme d'une chose toute naturelle, elle lui dit d'une voix claire :

— J'ai dit à papa que j'étais enceinte, et il a tout

de suite consenti, après m'avoir toutefois donné sa malédiction.

Admirant, à la fois, la beauté de l'idée et l'ingénuité exquise de cette jeune fille qui ne semblait même pas comprendre le sens de ce qu'elle avait dit, plein d'enthousiasme et de reconnaissance, Octave s'écria :

— Cet excellent Putois !

IV

Après quoi, plus audacieux déjà, mais cependant timide encore, il commença de déshabiller tout doucement sa femme, avec de délicieuses lenteurs d'amant, toutes faites de surprises. Il dénoua les deux jolis souliers de satin blanc qui prirent aussitôt l'air mélancolique de nids abandonnés. Élevant respectueusement les mains ensuite, il commença de dégrafer le corsage. Mais la résistance était fort grande à mesure qu'il descendait, et l'étoffe se tendait si fort au ventre qu'il fut obligé de prier sa belle amie de l'aider dans le délicat travail de la délivrance. Ils ne furent pas trop de deux pour rendre la liberté à un petit bedon rondelet qui sortit de son étui avec l'impétuosité d'un gibus qu'on fait claquer. Ce fut comme un boulet de canon qui sauta au visage d'Octave.

Irénée était debout. Il la considéra effaré, de profil, dans la sincérité de ses formes mises à l'aise. Le doute n'était pas un instant permis. Il n'y avait jamais eu d'hydropique, — l'histoire en faisait foi

— dans la famille des La Mouleveyssière. La chaste Irénée n'avait pas menti à sa noble lignée. Elle était vraiment enceinte et de cinq mois pour le moins!

— Malheureuse! s'écria douloureusement Octave, qui vous a mise dans cet état ?

Avec la même candeur impassible, en se regardant elle-même avec quelque fierté, et sur un ton d'une tendresse reconnaissante, elle répondit :

—Cet excellent Putois!

LE MOYEN DE NE PAS PARVENIR

Il y avait longtemps que je n'avais rencontré Jacques partout où j'avais coutume de le voir, et, sans en éprouver une sérieuse inquiétude, je sentais en moi ce vide que laisse au cœur l'absence prolongée d'un ami. Je pris donc le parti de lui aller rendre visite, ce qui avait toujours été la plus invraisemblable façon de le rencontrer. Car il est de ceux qui n'ont un logis que pour avoir l'occasion de payer leur dîme à l'intéressante corporation des concierges. Va-t-on rendre visite aux oiseaux sur leur branche? Je n'espérais donc pas beaucoup de ma démarche. A ma grande surprise, un bruit de pas répondit à mon coup de sonnette sceptique. Jacques en personne m'ouvrit la porte. Il était, le diable m'emporte! vêtu en homme de travail, avec une calotte sur la tête, des pantoufles aux pieds, et une façon de robe de chambre. Je pénétrai dans sa chambre et j'y vis, amoncelés sur une table, des papiers griffonnés, une plume dont le bout était tout luisant d'encre fraîche, et une cigarette encore allumée qui exhalait son dernier souffle en une longue spirale bleue.

— Je mets, me dit-il modestement, la dernière main au grand ouvrage qui doit immortaliser mon nom.

Je le regardai avec une surprise affectueuse dont l'ironie ne lui échappa pas.

— Oui, mon cher, c'est ma justification devant la postérité, ma défense devant mes contemporains, le *pro domo mea* que tout homme finit par jeter à la face des autres, un livre magnifique comparable pour la bonne foi aux *Essais* du grand Montaigne, un trésor de sincérité et le manuel de tous les jeunes gens à venir qui auront passé, dans leur famille, pour des cancres et des mauvais sujets.

— Et tu appelleras ce chef-d'œuvre ?

— *Le Moyen de ne pas parvenir*, en souvenir de ce dégoûtant et génial Béroalde de Verville, dont je voudrais faire oublier le recueil malpropre et délicieux.

— Et qui t'a induit dans ce studieux projet?

— La nécessité de venger une bonne fois des sots propos dont ils sont poursuivis et du mépris des fonctionnaires sérieux un peuple d'opprimés dont je suis.

Et, tout en rallumant la cigarette qui avait enfin fini de mourir, Jacques poursuivit :

— J'étais las, mon ami, d'entendre sans cesse dire autour de moi : « Ce Jacques ! En voilà un qui a gâché sa vie ! Il avait cependant tout ce qu'il fallait pour réussir ! Deux ou trois fois il a eu le pied dans des étriers d'or et s'est laissé lourdement retomber à terre. Heureux à tous ses examens, il a fait la première étape de plusieurs carrières superbes qui l'auraient conduit à la considération publique et à la fortune. Il pourrait être colonel aujourd'hui, ou inspecteur général de quelque chose, officier de la Légion d'honneur, tout ce qu'il aurait voulu d'honorable et de justement respecté. Non ! il ne lui a pas plu qu'il en fût ainsi. Il mourra Petit-Jean comme devant. Voilà un maître sot, je vous jure ! »

— Jacques...

— Ne m'interromps pas. Je sais qu'on dit cela de moi tous les jours, dans tous les endroits bien famés où l'on daigne s'occuper de ma personne. Eh bien, j'ai voulu leur répondre une bonne fois, moi ! Puisqu'ils se le demandaient avec cet intérêt affectueux, j'ai voulu leur apprendre comment je m'y étais pris pour n'être rien du tout après avoir pu être beaucoup de choses : j'ai voulu en même temps les rassurer sur l'état de mon esprit, qu'ils jugent sans doute exempt de remords et de regrets. J'ai tenu à leur enseigner mon secret et à leur confesser ma joie, à leur indiquer ma méthode et à chanter à leur nez un *hosanna* à ma destinée. Voilà pourquoi j'ai écrit ce volume, et je t'en vais lire un ou deux chapitres, au hasard, pour que tu juges si j'ai rempli mon programme et justifié mon titre comme il convient.

Et Jacques, prenant au hasard une des feuilles de papier noirci qui couvraient la table, lut à haute voix ce qui suit :

« CHAPITRE XII

» *Du métier d'amant*

» On m'a reproché de n'avoir rien fait parce que j'avais aimé toute ma vie. Eh bien, ceux qui me traitent de paresseux pour cela en parlent à leur aise! Je ne sais pas de carrière plus occupée que celle que j'ai choisie, et qui comporte moins de diversions. Presque tous les fonctionnaires de l'État ont un congé annuel d'un mois au moins. Jamais il ne viendra à un homme qui aime l'idée de demander trente jours de non-activité périodique à qui de droit. Donc, au point de vue de la continuité studieuse, j'ai été supérieur aux fonctionnaires les plus estimés de leurs chefs. A la rigueur, un employé consciencieux peut détourner quelques heures de son temps pour les donner aux délices de caresser sa bonne amie. Mais celui qui a choisi la rude profession d'amant n'est jamais sûr d'être exact à quoi que ce soit, et, par suite, ne peut se payer le luxe de toucher des émoluments à un bureau. Jamais ses supérieurs ne le prendront au sérieux.

» Un fainéant, celui qui aime ! Ah ! mes amis, c'est à faire bondir. Mais il n'est pas de bénédictin d'autrefois, pas de savant d'aujourd'hui, pas de bollandiste et pas de professeur au Muséum qui se puisse vanter d'être aussi complètement possédé par ses chères études que le malheureux qui veut plaire à une rebelle et, jour et nuit, s'évertue à lui prouver qu'elle le doit payer de retour. Ne l'avoir pas plutôt quittée qu'on cherche comment on l'abordera le lendemain par quelque surprise qui vous vaille un sourire ! courir comme un fou pour chercher, au bout du monde, la fleur qu'elle aime ; écrire fiévreusement des vers qu'elle ne daignera peut-être pas lire ; l'attendre sous la pluie quand son caprice est de ne venir que longtemps après l'instant promis ; suivre comme un insensé la voiture où on a cru l'apercevoir ; faire des lieues pour la voir passer de loin !... ils appellent tout ça une sinécure ! Ah ! messieurs, quelle idée vous vous faites de l'oisiveté ! J'ajouterai que jamais, au grand jamais, on n'a vu le fonctionnaire le plus zélé passer des heures au clair de la lune, devant la fenêtre de la pièce où son rond de cuir ne pense plus à lui, tandis que nous, amants, nous sommes prêts à attendre des nuits entières qu'un bout de rideau se soulève, tout en sachant que nous sommes oubliés.

» Braves gens qui donnez vos sueurs à l'État, un peu de pitié pour les vrais forçats de la vie. Nous sommes les piocheurs infatigables que ne décourage aucune déception, ceux dont aucun déboire n'altère l'inébranlable dévouement à ce maître injuste qui s'appelle la Beauté. Et nous n'avons pas de retraite, nous, au bout de trente ans de ce labeur. Notre retraite, c'est la risée des belles filles pour nos cheveux blancs ; c'est l'indifférence railleuse de la femme aux rides qu'elle a mises sur notre front. Quand nous n'avons plus au cœur de sang à faire couler sous ses pieds, nous sommes comme les bêtes à qui un reste de torture fait regretter de n'être pas abattues. Car l'éperon du désir mord encore nos flancs, où siffle l'agonie.

» Et pendant ce temps-là, vous, vous les heureux du monde, vous vous gobergez dans un doux traitement incessible et insaisissable qui vous permet de mourir tranquilles sous la douce malédiction de vos créanciers !

» Aimer ! aimer ! La plus laborieuse des carrières ! le plus impitoyable des métiers ! Et jamais on ne nous élève de statues ; et les orphéons passent, sans nous nommer, aux comices où la gloire des inventeurs, des ingénieurs, des militaires et des avocats est célébrée en musique :

Travailler sans relâche et mourir sans renom,

voilà ce que c'est qu'aimer ! »

— Voilà qui est vraiment fort bien, fis-je à Jacques, et qui ne saurait manquer de te réconcilier avec tous les gens de bien qui te regardaient comme une pure bourrique.

— N'est-ce pas ? Mais ne crois pas que je sois toujours demeuré sur ce ton conciliant et dans ces termes pleins de condescendance pour les pauvres diables qui ne se sont pas senti le courage d'entrer dans la même profession que moi. Le petit ton de supériorité qu'ils affectent mérite certainement une leçon, et, comme tu entrais, j'achevais mon dernier chapitre, celui où je leur dis leur fait sans emmitoufler les idées et sans mâcher les mots. Je tiens à te le lire aussi.

Et Jacques, avec une certaine éloquence, reprit sa lecture :

« CHAPITRE XXIV° ET DERNIER

» *L'Amant glorieux.*

» O vous tous que l'ambition et la soif des honneurs traînent vivants sur des claies, vous qui bravez jusqu'au mépris de vous-mêmes pour arriver à la considération publique, qui courez aux places comme à une curée, qui vous ruez aux fonctions, aux croix, à toutes les vanités du monde où l'on paye les platitudes et les servilités, si vous saviez de quelle hauteur sereine nous vous contemplons, nous qui, n'ayant porté en nous que l'amour sacré de la femme, n'avons qu'un sourire pour vos dédains! Nous sommes pleins de pitié pour vous, je vous le jure, vous qui vous êtes contentés de si peu ici-bas! Car, en vérité, chacune des minutes que nous a données la joie ineffable d'aimer vaut mieux qu'une éternité de la fausse estime dont vous entoure l'abjection de ceux qui ont besoin de vous. Toute la pourpre de vos robes, tout l'or de vos broderies, toutes les plumes de vos chapeaux, toutes les fanfares qui saluent votre passage, tous les discours dont on vous bombarde, toutes les clameurs des banquets que vous présidez, toutes les accolades sur vos estrades, tout ce néant, tout ce bruit, tout ce vent pour un baiser pris le soir, dans l'ombre parfumée d'une chevelure! Étalez-vous, pavanez-vous, gobergez-vous, vous ne couvrirez jamais plus de place que celle du tombeau où le marbre redira peut-être à la brise, qui s'en moque, votre nom. Nous autres, les amants, nous vivons dans le ciel comme les oiseaux; nous montons dans l'azur des ineffables délices et nous plongeons dans les gouffres des désespoirs inouïs. Qu'importe! nous nous sentons des ailes! Nous, nous ne marquons pas notre place sur la terre, soit! Mais nous sommes les hôtes du grand infini où se rêvent les immortelles destinées. Le pied léger de l'hirondelle ne laisse pas de trace là où s'enfonce le pied lourd du pingouin, dans l'épaisseur fangeuse des sables. Nous sommes l'hirondelle toujours en quête du printemps et du soleil, père des fleurs.

» De grâce, ne nous plaignez pas, bonnes gens! Nous ne sommes pas honteux de n'être rien, rien que des amants et des lévites du dernier idéal humain, et c'est avec un cynisme plein de fierté que nous pratiquons notre art auguste, celui que je définis orgueilleusement: *Le Moyen de ne pas parvenir!* »

Jacques se tut et m'interrogea du regard.

— Je suis absolument de ton avis, lui dis-je. Et maintenant que tu as fini ton livre?...

— Maintenant, fit-il avec chaleur, maintenant, je vais me remettre à aimer!

OMNE ANIMAL

OMNE ANIMAL

Pourquoi faut-il que la curiosité despotique de mes lecteurs me ramène toujours, d'accord en cela avec mon désir de la satisfaire, vers cet éternel sujet de l'amour, qui, après m'avoir pris ma vie, menace de me prendre aussi jusqu'au bout ma pensée? Plutôt que d'y revenir encore, j'aurais eu plaisir à vous décrire simplement le magnifique spectacle que je vois de ma croisée, à cette heure matinale qui est comme un lointain adieu de la nuit. Comme un vol d'oiseaux lumineux qui remonte dans les profondeurs du ciel, les étoiles s'enfoncent dans l'azur avec un scintillement qui semble une palpitation d'ailes; la lune aux pâleurs plus vibrantes semble inquiète de la solitude qui se fait autour d'elle, et le chant du coq déchire seul les voiles du silence. Le givre dessine sur l'épaisseur des gazons de petits lacs diamantés qu'un frisson de vent ride, et les constellations qui descendent vers l'horizon accrochent aux branches nues des fruits de feu qui lentement s'éteignent. Quel décor exquis pour un de ces rêves dont un demi-sommeil seulement conduit le caprice! Quel paysage merveilleux pour y promener l'illusion d'un voyage à deux avec celle qui, toujours présente aux yeux, est cependant loin de nos regards! Les nuages de pourpre enfumée qui passent au firmament ont l'allure de chevaux chimériques nous tendant leurs croupes aériennes. Oui, j'eusse aimé fuir avec eux au pays bleu de l'impossible avant que l'aurore ait relevé les murailles où la réalité des choses emprisonne notre esprit. Mais jugez! J'ai là, sous la main, une lettre de quatre pages dans laquelle je suis sommé de répondre à la plus délicate des questions. « Je vous lirai, me dit-on, jusqu'à la fin de mes jours en désespéré, jusqu'au moment où vous m'aurez donné l'explication du phénomène dont je suis la victime. » Dites donc, compère (c'est un homme qui m'écrit cette fois-ci), j'espère bien que vous continuerez à me lire après que j'aurai fait de mon mieux pour rasséréner votre entendement. D'autant que je puis disserter sur la matière, mais ne me flatte nullement de l'épuiser en un article.

Elle est délicate, ai-je dit, et vous allez être de mon avis tout à l'heure. M. B... me demande la raison d'un fait pour lequel je pourrais le renvoyer au proverbe latin dont j'ai cité les deux premiers mots. « Il m'arrive souvent, me dit-il, de faire longtemps la cour à une femme, mais une cour assidue, et je n'ai pas plutôt obtenu ce que je croyais en souhaiter, qu'un sentiment d'aversion immédiat succède à la fougue de mes désirs. » — *Aversion* me paraît un peu dur. Tout le monde a passé par ces écroulements subits d'une passion satisfaite, mais il me semble qu'il en demeure toujours une vague reconnaissance pour le plaisir accordé. Vous n'estimez pas, monsieur, l'amour physique à son vrai prix. La minute que vous venez de passer vaut, à elle seule, un siècle de prévenances, de prières, tout le temps perdu que vous semblez regretter, et cela, à tort ; car je vous défie de m'en trouver un plus agréable emploi. Vous voilà bien malheureux pour avoir rêvé, espéré, soupiré ! Je vous dis, moi, que vous êtes très bien payé de votre peine. Si vous n'avez pas su vous payer, tant pis pour vous ! Car permettez-moi de vous dire que cela était surtout affaire à vous. Réduit à cette simple question d'extase sensuelle, l'amour est ce qu'on le fait soi-même par l'intensité d'ardeur qu'on y apporte. L'objet aimé n'en est que l'occasion. Ne vous en prenez pas à votre violon de ce que vous n'avez pas su en jouer.

Certes, il y a quelque chose d'amer — dans la jeunesse surtout — à constater ce néant subit des tendresses les plus exaltées. On s'en veut un instant d'avoir pris le désir pour de l'amour et de s'être si cruellement dupé sur ses propres sentiments. Mais la maturité vient, et aussi l'indulgence, qui nous font moins sévères à cette erreur, dont il ne faut pas s'exagérer la portée. Je ne vois à plaindre, dans tout cela, que celle qui a pu croire qu'elle était vraiment et durablement adorée. Peut-être y a-t-il d'ailleurs de sa faute. Car toutes les femmes ne savent pas se donner. Beaucoup, en voulant se faire trop longtemps souhaiter, transforment le désir qu'elles inspirent en une sorte d'obstination rageuse toute chargée de rancunes à venir. C'est dans cet ordre d'idées surtout qu'il y a un moment psychologique. Les hommes en qui domine l'amour-propre ne se rebutent pas, mais méditent déjà les vengeances de la victoire. Moi qui ne mets aucune vanité dans ces choses, il m'est arrivé de me lasser tout simplement et de fermer ma porte au bonheur venu trop tard. Mais, croyez-le, vous avez laissé passer l'un ou l'autre, l'heure opportune qui ne laisse jamais que d'aimables souvenirs.

Vous touchez là d'ailleurs, monsieur, au critérium des amours qui méritent vraiment ce nom. Je ne sais plus dans laquelle de ses préfaces M. Alexandre Dumas conseille à la femme qui veut savoir si elle est vraiment aimée de guetter la première impression de son amant après qu'il vient de se donner à lui. Si elle lit dans ses yeux un redoublement de tendresse, elle n'a rien à redouter d'un cœur vraiment épris. Mais le moindre nuage d'indifférence ou de tristesse vague passe-t-il dans son regard, elle n'a rien à en espérer de durable et d'immuablement fidèle. Je crois cela parfaitement observé. De vos expériences malheureuses, monsieur, il ressort tout simplement que vous n'avez pas encore aimé. N'en déplaise d'ailleurs à l'École platonique du bon Werther, tout ce qui précède l'épreuve dont vous vous plaignez n'est que l'avant-propos du livre immortel de l'Amour. Ceux-là sont dans la plus lamentable folie que je connaisse, dont je lis les suicides dans les journaux et qui se sont tués de désespoir avant d'avoir été l'un à l'autre. Il ne leur était pas permis de juger, en effet, si ce qui les séparait était vraiment un malheur. L'amour réel, l'amour dont on a le droit de mourir, c'est celui dont on a mesuré les ivresses, celui qui a si fortement rivé vos chairs à d'autres chairs, qu'on ne saurait plus les en arracher sans ouvrir au cœur la source mystérieuse par où s'enfuit le sang. Cet amour-là se fait lentement de tous les bonheurs que la possession comporte. Chaque caresse est comme un ciment qui en durcit l'édifice; il s'accroît de chaque baiser, et son insatiabilité même lui est un gage de durée. Il vous enlace de mille liens obscurs dont chaque déchirement vous brise une fibre, parfums subtils et profondément personnels, contacts aux douceurs jusque-là inconnues, esclavage absolu de tous les sens, tyrannie délicieuse d'un être dont votre être est dominé. Mais il est clair, monsieur, que cela vous est encore parfaitement inconnu. C'est tant mieux pour votre repos. Au demeurant, c'est tant pis peut-être.

Sur ce, mon correspondant me demande à brûle-pourpoint si, étant ainsi fait, il se doit marier. Pour le coup, je l'envoie à la consultation célèbre de Panurge. Rabelais a moissonné le sujet de façon à n'en rien laisser à glaner derrière lui. Au point de vue élevé des mœurs contemporaines qui ont fait du mariage une affaire où l'amour entre fort peu, je ne vois vraiment pas ce qui vous empêcherait de faire comme tout le monde, monsieur. Seulement je trouve que tout le monde, en ceci, est un assez dégoûtant personnage. Ne me poussez pas sur cette question ; car, ayant la passion de la logique jusque dans ses audaces, je ne pourrais faire autrement, après ce que je viens de vous dire de l'amour, que de vous confesser mon admiration pour les gens qui ne s'épousent qu'après s'être assurés qu'ils s'aimaient. C'est peut-être immoral en diable mais chez ceux-là seulement je trouve le mariage une institution respectable, l'affirmation sensée et publique d'un sentiment conscient de sa profondeur et de sa durée. Eh ! mon Dieu ! Les Japonais, qui ne sont pas des sots, partagent absolument mon avis. Le mariage est toujours, chez eux, la suite d'un essai loyal, et on y voit fort peu de maris trompés. Je m'enorgueillis de penser comme un peuple dont l'art national et la littérature nous révèlent la délicatesse d'impressions, le beau sens poétique, l'esprit à la fois pratique et élevé.

Et maintenant que j'ai fait de mon mieux pour éclairer les points en litige, je retourne à ma fenêtre regarder le ciel, où l'aube enrubanne de rose pâle le berceau frileux du jour, où les silhouettes noires des arbres dépouillés tracent des hiéroglyphes sur la nue flottante où, dans ces caractères étranges, je lis le nom que répètent les tremblantes musiques du vent léger qui se lève.

FIN

TABLE DES MATIÈRES

Le gros borgne	1
Justice persane	11
L'assassin	21
Pêche miraculeuse	35
Le mouchoir	45
Le touareg	57
Rusticana	71
Conte innocent	81
Reconnaissance	93
Prédictions	103
Tra los muros	113
Mondanités	125
Le tableau vivant	135
Libellule	147
Mon exposition	161
Le lilas blanc	171
L'ombre chevalier	181
Fine repartie	191
Epithalame	205

Shoking	215
Super dieu	225
Bachalique	233
L'Oyselet	247
Ah! Jean!	257
Naturalia	269
Simple badinage	279
Les humbles	289
Le bon conseiller	299
Le moyen de ne pas parvenir	309
Omne animal	321

ÉMILE COLIN — IMPRIMERIE DE LAGNY

www.ingramcontent.com/pod-product-compliance
Lightning Source LLC
Chambersburg PA
CBHW060643170426
43199CB00012B/1656